COMO LER MENTES

Dados Internacionais de Catalogação na Publicação (CIP)
(Câmara Brasileira do Livro, SP, Brasil)

Suchard, Lior
Como ler mentes : o poder de persuadir e desvendar pessoas / Lior Suchard ; tradução de Daniela Barbosa Henriques. – Petrópolis, RJ : Vozes, 2018.

Título original : Mind reader: unlocking the power of your mind to get what you want
ISBN 978-85-326-5790-9

1. Ilusionismo 2. Linguagem do corpo 3. Mágicos – Biografia 4. Persuasão (Psicologia) I. Título.

18-15582 CDD-793.8092

Índices para catálogo sistemático:
1. Poder da mente : Truques e mágica 793.8092

Iolanda Rodrigues Biode – Bibliotecária – CRB-8/10014

COMO LER MENTES

O PODER DE PERSUADIR E DESVENDAR PESSOAS

LIOR SUCHARD

TRADUÇÃO DE DANIELA BARBOSA HENRIQUES

VOZES
NOBILIS

Tradução publicada mediante acordo com a Harper Collins Publishers

Título do original em inglês: *Mind Reader: Unlocking the Power of Your Mind to Get What you Want*

Direitos de publicação em língua portuguesa – Brasil:
2018, Editora Vozes Ltda.
Rua Frei Luís, 100
25689-900 Petrópolis, RJ
www.vozes.com.br
Brasil

Editoração: Leonardo A.R.T. dos Santos
Diagramação: Sheilandre Desenv. Gráfico
Revisão gráfica: Nilton Braz da Rocha e Nivaldo S. Menezes
Capa: Aline C. Pace
Arte-finalização: Editora Vozes
Ilustrações: Adam Johnson

Todas as fotografias são cortesia do autor, exceto seção fotográfica, páginas 1-4: cortesia de Melanie Fenton-Azulay.

ISBN 978-85-326-5790-9 (Brasil)
ISBN 978-0-06-208737-9 (Estados Unidos)

Editado conforme o novo acordo ortográfico.

Este livro foi composto e impresso pela Editora Vozes Ltda.

Para Tal,
que me enche de pensamentos alegres.
Eu não teria conseguido nada disso sem você.

SUMÁRIO

PREFÁCIO

Leitor de mentes: revelado

Los Angeles, 23 de março de 2009, 21:28h

Certa noite eu estava em Los Angeles com um amigo e a sua família quando um carro nos seguiu de uma festa até em casa, entrando atrás de nós sorrateiramente no condomínio fechado. Disparamos para casa, pensando no que fazer, enquanto o carro estacionava no outro lado da rua. Éramos quatro e decidimos sair e investigar. Estávamos em número seguro, pensamos. Mas, quando avançamos na escuridão fora de casa, um homenzarrão saltou do carro e gritou: "Não se mexam, seja lá quem forem. Polícia". Ele estava armado. Todos nós já vimos isso em filmes, mas é muito, muito assustador quando acontece com você. Pensamentos cruzavam a minha mente, nenhum bom. Então, antes que pudéssemos perceber, havia seis viaturas policiais, sirenes tocando e um helicóptero sobrevoando e iluminando o céu. O que estava acontecendo? O primeiro policial gritou comigo, acenando para eu ir em frente. Ao meu redor luzes piscavam, além de ruídos e movimentos constantes, mas tudo o que eu via eram armas. Em segundos eu fui algemado, as minhas mãos foram presas na frente, depois levantadas até a minha cabeça. O policial me empurrou para baixo, não grosseiramente, mas de modo resoluto. Invasivo. Eu tentava ver o seu rosto, olhos, mas não enxergava nada. A minha mente estava tomada pela pergunta "por quê?" e emudecida de medo. Do bolso da minha jaqueta, ele tirou uma colher quebrada, alguns pregos grandes de prata, um lápis e um caderninho. Ele brandia a colher quebrada bem na minha cara como se fosse uma arma, gritando furioso: "Que diabo... Que diabo é isso?" Por um momento, fiquei mudo. Chocado. "Eu... Eu sou um leitor de mentes", gaguejei. "Um mentalista. Um artista?" Ele me encarava incrédulo, olhando feio para os itens que tinha nas mãos. Depois balançou a cabeça, dizendo para me equilibrar num pé só.

Ele pensou que eu estava dirigindo bêbado (eu não estava) e chamou reforços ao ver quatro homens saírem da casa em direção a ele. O ponto da história é que tudo o que o policial encontrou comigo foram uma colher quebrada, uns pregos grandes de prata, um lápis e um caderninho. A colher tinha sido quebrada em duas com o poder da minha mente numa festa particular duas horas antes. Os pregos eu dobraria num treino preparatório para um programa de TV japonês na semana seguinte. E o lápis e o papel eram para truques mentais de rotina – nunca se sabe quando podemos precisar. Esses itens são o meu mundo. Literalmente. São as ferramentas do meu negócio e me levaram de uma cidadezinha em Israel até programas de TV, apresentações ao vivo, festas particulares, palestras, convenções empresariais e feiras de negócios em mais de quarenta países.

Quando se está numa situação assim, temendo pela própria vida, com pensamentos estranhos cruzando a mente, você se flagra reduzido à sua essência. Enquanto eu me equilibrava em uma perna só, provando que não estava bêbado nem era perigoso, o policial olhou de novo para aquela colher quebrada e perguntou, com voz desconfiada, mas olhos abertos e vulneráveis: “Um leitor da mente?” Peguei o meu caderno e o lápis, olhei para o rosto dele e rabisquei algo para mim mesmo. Depois perguntei: “Se eu pedisse para você pensar em um número de um a cem, qual seria?” O meu medo tinha acabado. Ele pensou um pouco. “Vinte e oito.” Arranquei o papel do meu caderno e entreguei a ele. Estava escrito: “O policial dirá 28”. Ele ficou impressionado, sorrindo de orelha a orelha, como uma criança.

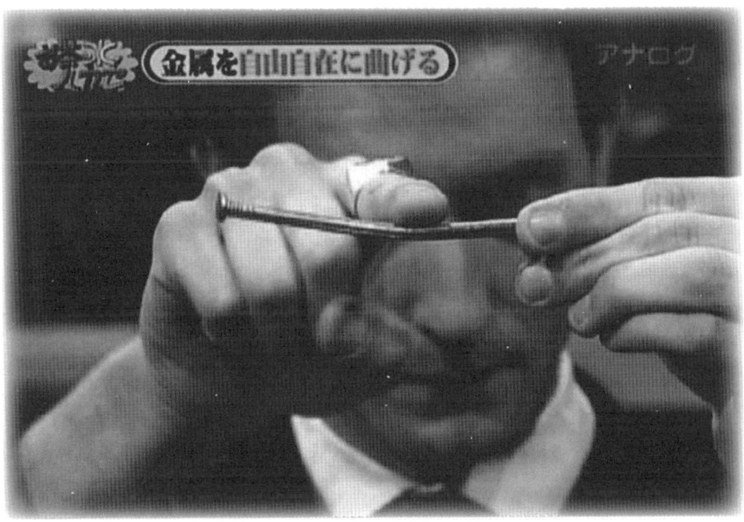

O meu nome é Lior Suchard e sou mentalista. Entretenho as pessoas, demonstrando o espantoso poder da mente. Adoro ver os seus olhos arregalados de surpresa quando digo o que estão pensando ou, melhor ainda, quando as faço pensar o que estão pensando. Adoro a energia positiva que emana em todas as minhas apresentações, encontros, grandes e pequenos, nas ruas de Tel Aviv, um programa de TV do Japão ou diante de oitocentas pessoas em Las Vegas. Não importa quem seja, a pessoa volta a ser criança quando experimenta essa sensação de espanto. É por isso que eu faço o que faço, e o meu incidente com o policial me lembrou disso. Se a minha essência for provocar risos e espanto com a ajuda de uma colher quebrada, uns pregos de prata, um caderno e um lápis, tudo bem. Sem contar que a experiência me proporcionou outra ótima história para contar, o que também é parte da minha essência. Policiais de Los Angeles, hein?

LEITOR DE MENTES

UM

MENTALISMO REVELADO – AGORA EU TEREI QUE MATAR VOCÊ

Então o que faz um mentalista? Neste momento estou incrivelmente ocupado, com apresentações no mundo todo: Las Vegas, Nova York, Los Angeles, Japão, África do Sul, Rússia, Europa, Israel, a lista não tem fim. Viajei para três continentes em uma semana. Durmo muito nos aviões e levo vários telefones. Nunca sei quem pode ligar, nem quando. Poderia ser o rei da Romênia numa semana, Donna Karan ou um mago da tecnologia na outra; além de oligarcas russos me chamando para ir a um campo de aviação particular em determinado horário. E, a propósito, sem atrasos. Apareço em vários países, em programas de entrevistas na TV, inclusive no Jay Leno, e às vezes até me chamam para voltar. Até o Jay Leno. Sou famoso no Japão. Imagine só! Trabalho em feiras de negócios e eventos corporativos internacionais, para empresas como Coca-Cola, Microsoft, BMW e Omega. Sou convidado a salas de conferências de grandes negócios para quebrar o gelo antes das reuniões e fazer os bilionários serem legais – e sou convidado a festas particulares em Hollywood para entreter astros do cinema e os seus amigos exclusivos. Já fiz aberturas para Joan Rivers em Las Vegas, onde também tenho o meu próprio espetáculo. Sim, sou bem-vindo em Las Vegas, contanto que fique fora dos cassinos. Falando nisso, as histórias sobre a lista negra são reais!

Às vezes me apresento quando estou na praia, no mercado ou no restaurante. Não resisto. Estou andando na rua e, antes que me dê conta, estou conhecendo alguém e me exibindo. Eu surpreendo as pessoas com os meus jogos mentais e elas ficam me olhando espantadas: "Meu Deus, como você fez isso?" É divertido. Adoro a energia. É uma aventura incrível, e me apresento da melhor maneira possível em qualquer lugar. Posso ter acabado de chegar do inferno, num voo de doze horas, ter brigado com o meu agente, a minha mãe e a minha namorada, mas ninguém na plateia perceberá. Deixo o meu cansaço e as minhas emoções na porta e, ao entrar no palco ou numa sala, ligo a minha mente no máximo e viro Lior Suchard Extreme, animador sobrenatural. Energia positiva e conexão humana são tudo para mim. Vivo para mostrar aos outros como a mente é espantosa e fazer as pessoas rirem, saírem de si mesmas e dizerem: "Uau!" Sejam astros de Hollywood, o presidente de uma das maiores empresas do mundo ou a pessoa sentada à minha frente no aeroporto, para mim é o mesmo. Quero que as pessoas se encantem.

VEJA ESSE OLHAR DE ESPANTO QUE EU TANTO ADORO QUANDO VOU À PRAIA E REVELO A PESSOAS COMUNS A SUA DATA DE NASCIMENTO: CLM1.VOZES.COM.BR

Então é isso o que este mentalista – ou animador sobrenatural, como às vezes me chamo – faz quando não está fugindo da polícia. Mas talvez isso não responda à pergunta. O que exatamente faz um mentalista?

Bem, em geral e de acordo com a Wikipédia, a tradição de mentalistas que são artistas de palco remonta ao século XVI, mas há referências a videntes e oráculos nos escritos dos gregos antigos. Os mentalistas demonstram habilidades intuitivas ou mentais altamente desenvolvidas. Isso certamente é verdade no meu caso. Emprego a minha mente como uma ferramenta de precisão para ler mentes, influenciar pensamentos, realizar previsões e fazer objetos se mexerem ou dobrarem sem tocar neles (como a colher e os pregos no meu bolso). Consigo adivinhar o nome do seu primeiro amor, primeiro professor, o nome do seu filho que ainda vai nascer, o seu signo, o número que você esteja imaginando. Consigo transferir sentimentos de uma pessoa para outra usando o poder da energia positiva. E consigo adivinhar a sua próxima pergunta: "Mas, Lior, como você consegue?"

Durante uma das minhas apresentações para uma grande empresa, um homem questionou exatamente isso no meio da exibição: "Mas, Lior, como você consegue?" Quando alguém interrompe a minha apresentação inesperadamente – o que acontece mais do que você imagina –, tento me manter tranquilo. Não fico querendo punir ninguém. Então olhei para ele e respondi, sorrindo: "Senhor, se eu contar, terei que matá-lo". A plateia sorriu, depois silenciou quando as atenções voltaram a mim, todos prontos para o próximo número. Mas o homem gritou de novo: "Então você pode contar para a minha esposa?" A plateia explodiu em gargalhadas. O cara simplesmente tinha me pedido para matar a esposa. Agora conto essa história em todas as apresentações.

Mas, respondendo – e sem matar ninguém –, basicamente uso os meus cinco sentidos para criar um "sexto sentido". Um sentido da mente. Uma intuição sensível. Aí uso esse sentido com todo um conjunto de conhecimentos que adquiri para ler a mente, persuasão, telecinesia e outras coisas legais. Conhecimentos como o poder da sugestão, saber ler a linguagem corporal, persuasão, imaginação guiada, análise psicológica e comunicação não verbal. Reúno essas técnicas em diferentes combinações e as uso para direcionar e influenciar as pessoas e ler mentes. Absorvo quantidades absurdas de informações e implanto informações. Uso muito a minha intuição. É disso que trata o mentalismo: é um conhecimento; no meu caso, provavelmente parte genético, parte aprendido. Tudo o que faço envolve o uso da minha mente da melhor forma possível, no nível mais alto imaginável.

Às vezes é difícil analisar e explicar o que faço, porque é algo que eu simplesmente faço. Pense no amor, por exemplo. Quando as pessoas estão amando, elas sabem como é o sentimento – simplesmente acontece, existe e faz todo o sentido para elas. Elas não analisam racionalmente. Mas um cientista pode aparecer e explicar que o amor é química, que, quando amamos, o coração acelera, a pele se avermelha, as palmas suam por causa dos hormônios dopamina e norepinefrina que o nosso corpo segrega. Já não parece tão romântico. E isso não esclarece todas as outras coisas sobre amar: completar as frases do outro, saber o que o outro vai dizer, aquela sensação de flutuar. É como minimizar o sentimento a uma ciência exata que talvez não seja uma ciência exata.

Com o passar dos anos, criei metáforas para o que faço como mentalista. Acho que o modo mais claro de explicar é se ater ao modo como uso e concentro a minha mente, já que isso é o coração de tudo o que faço. Você entenderá se imaginar a diferença entre uma lanterna e um raio *laser*. Ambos são fontes de luz, mas o raio *laser* é muito mais focado, então conseguimos ver melhor com ele. Mais ainda: se você apontar uma lanterna para os seus olhos, ficará ofuscado por um instante, mas um raio *laser* pode cortar um diamante.

Acredito que seja o mesmo com o pensamento. Quando estou trabalhando, os meus pensamentos são realmente focados e poderosos, e é assim que faço as coisas acontecerem. Estou aproveitando o poder da minha mente de modo muito consciente. Na verdade, sentimos o pensamento fora da mente à medida que projetamos os nossos pensamentos ao nosso redor, não apenas dentro do nosso cérebro. Acredito que todos tenham transmissores para receber ou enviar pensamentos, mas é uma questão de quantas pessoas os usam. Todos nós usamos a nossa mente de maneira distinta. Pense bem. Qualquer um pode aprender a tocar piano, mas nem todos serão Beethoven. O que faço hoje como mentalista é uma combinação de um dom e o desenvolvimento desse dom.

Porém, ser um mentalista é mais do que conhecimento mental – se você quiser brilhar no ramo do entretenimento. Há outro componente também importante que acompanha as habilidades mentais. O meu pai chama de gene – o gene do *showman* ou o gene da exibição. Sou sortudo por tê-lo também. Com o passar dos anos, percebi o quanto isso é importante para o que faço, então tomei um cuidado especial para entendê-lo e desenvolvê-lo. Afinal de contas, a minha apresentação não teria muito valor de entretenimento se eu simplesmente subisse ao palco, lesse algumas mentes tranquilamente, balbuciasse palavras tímidas e desajeitadas, me arrastasse de costas para a plateia, agradecesse a presença do público e depois me escondesse atrás da cortina. O público pediria o dinheiro de volta e com certeza nenhum sentimento positivo pairaria pelo ambiente no final da exibição. É provável que o sucesso das minhas apresentações se baseie 50% nos meus conhecimentos mentais (todo mundo gosta de ficar impressionado), mas os outros 50% definitivamente se devem à minha exibição: a relação próxima que crio com a plateia. Os conceitos cômicos, piadas e humor; a empatia que desenvolvo; aquela sensação de energia positiva. Tudo caminha de mãos dadas na minha apresentação e a diversão é garantida a todos.

Mas por que estou lhe contando isso se você pode ir ao teatro e me ver? Agora convido você para uma apresentação e você verá por si mesmo o poder da mente. Mas lembre-se: se você me perguntar como eu faço... terei que matá-lo.

Las Vegas, 2011

900 PESSOAS

Faltam alguns minutos para a apresentação. O público se acomoda, as pessoas estão se sentando e conversando calmamente quando de repente as luzes apagam e a total escuridão invade o auditório. A expectativa cresce. Silêncio. Depois uma explosão de música e luz. As cortinas de veludo se abrem e revelam telões enquanto um vídeo começa. Uma voz profunda reverbera: "Você acredita que alguém possa ler a sua mente?" Imagens minhas em apresentações no mundo todo são projetadas: plateias em Londres, Hong Kong, Sydney, Moscou e Paris riem e suspiram, e as suas reações espantosas e olhares perplexos enchem a tela. O vídeo apresenta a empolgação explícita e a emoção pura que virão, e a plateia aqui em Las Vegas é cativada ao sentir o que está para acontecer na próxima hora da minha exibição. Quando os telões se apagam, a voz continua emitindo as palavras dramaticamente: "Senhoras e senhores, recebam Lior Suchard!"

Tambores rufam e a música explode enquanto corro para o palco, sorrindo, empolgado, os braços estendidos para o público. Atrás de mim, luzes coloridas correm pelos telões enquanto um holofote me segue de um lado para o outro do palco. Os aplausos me atingem em ondas e eu os deixo reverberar em volta do auditório, me inundando, ricocheteando nos telões e voltando para a plateia. As boas-vindas estão intensas hoje. Algumas pessoas estão de pé aplaudindo, outras estão se levantando agora. Está muito cheio. Ingressos esgotados. Já consigo sentir a energia no ar.

VEJA UM CURTO *TRAILER* DAS MINHAS VIAGENS MUNDIAIS E AS REAÇÕES DE CULTURAS DIFERENTES:
CLM2.VOZES.COM.BR

"Oi! Oi!", digo em meio ao barulho. Os aplausos continuam, mas as pessoas começam a se acomodar, sentando-se em suas poltronas. "Boa noite a todos. Shhh." Os aplausos cessam. Rostos ansiosos estão voltados para mim. Espero um pouco, um, dois... Eles escutam. Vamos lá. "Vocês acreditam que alguém possa ler a sua mente?" Eu me dirijo à plateia inteira, microfone na mão. Eles esperam a minha resposta. "Acho que vamos precisar descobrir hoje." Algumas risadas. "Antes de começar, preciso fazer uma pergunta", proponho, observando o público. Estou fazendo anotações mentais, vendo quem está em grupo, quem está comemorando algo, se há mais homens do que mulheres, os pequenos detalhes. "Você! Ali. Diga o seu nome."

O homem responde: "John". Ele tem uns quarenta anos, é informal, despojado. "Você está certo", eu falo. Ele ri amavelmente e o resto da plateia segue o exemplo. Eles estão despreocupados, recostados nas poltronas para ver a apresentação.

"Vou escrever algo para você", digo, descendo em direção ao público e caminhando até John, que está sentado mais ou menos na sexta fileira. Olho para o rosto dele enquanto escrevo num quadro, segurando-o contra o meu peito para ninguém o ver. John parece interessado com os seus inteligentes olhos cinzentos. Mente aberta. Por enquanto o quadro está comigo. "Então, se eu lhe pedisse para dizer um número de dois dígitos, qual seria?"

Todos os olhos se voltam para John. Ele não demora. Não pensa muito. Diz imediatamente: "Vinte e quatro".

"É incrível. Escrevi aqui: 'John dirá 24'", falo enquanto viro o quadro e mostro a John, depois o levanto e mostro a todos. Ouço alguém gritar: "Oh, meu Deus!" numa poltrona distante. Ao meu lado, John ri surpreso, e o público está impressionado. "Obrigado, John. Ah, e não se esqueça de pegar o seu cheque após a apresentação. Na próxima vez, diga sessenta e dois, tá?"

John se espanta antes de gargalhar. "Estou brincando", falo.

Volto para o centro do palco, abro as mãos dando boas-vindas. As luzes dançam atrás de mim e os tambores rufam suavemente. "Boa noite, senhoras e senhores. Sou Lior Suchard e trabalho com algo muito, muito raro. Sou um leitor de mentes. Isso significa que nos próximos minutos vocês vivenciarão uma aventura sobrenatural e divertida que vai explorar as grandes habilidades da mente humana: leitura da mente, influência, comunicação não verbal, percepção extrassensorial e muito mais. Aqui não tem ilusionismo. Na verdade, se virem ilusionismo, é porque não foi ilusionismo."

Todos riem. Sorrio e acompanho as risadas do público. Estão todos aquecidos e prontos para a diversão. "A propósito, peço desculpas pelo meu inglês, mas o meu sotaque é maravilhoso." A plateia ri. Alguns estão inclinados para o palco, cheios de expectativa. Outros relaxam nas poltronas. Observo os rostos, sentindo a energia. Estão todos envolvidos.

"Respirem fundo. Chegou a hora de tentar ler os seus pensamentos." A música começa, animada e alegre. Desço do palco e passeio pela plateia, sorrindo, olhando da esquerda para a direita. "Engraçado", digo, "Sempre que faço isso, todo mundo me pede: 'Nããããão, não me escolha!'" Ainda olho em volta, decidindo quem escolher. Um homem grisalho parece confiante, enquanto a mulher na poltrona ao lado se esconde atrás dele. No fim de outra fileira, paro. As pessoas estão rindo. Uma mulher parece nervosa, mas ainda assim ri. A mulher ao lado dela tem um cabelo escuro cheio e parece ansiosa. "Hum", falo. "Qual é o seu nome?"

Ela balbucia, sorrindo: "Shirley".

"Shirley, venha comigo para o palco! Muitos aplausos para a Shirley." Todas as mulheres daquela fileira aplaudem muito, principalmente aquela que parecia nervosa. Será que é um grupo de garotas curtindo a noite?

Sigo Shirley até o palco, absorvendo todos os aplausos. Ficamos lado a lado. Ela puxa as mangas da blusa e brinca com um cordão de prata. "Olá! Você tem medo de mim?" Ela nega com a cabeça, balançando o cabelo. "Já, já vai ter." Risadas. "Por acaso você tem papel e caneta?"

Shirley ri. "Não."

"Tudo bem, eu tenho." Falo com Shirley, mas também com o público, envolvendo todos. "É a primeira experiência com a mente.

Na segunda, vou pedir para você sair e não voltar. Não, estou brincando." Shirley sorri. "Você vai sair e escrever um nome no papel. O nome de alguém que você sabe que não está aqui, e que eu não conheça de jeito nenhum. Depois dobre o papel e esconda-o no seu bolso, tudo bem?"

Shirley aceita entusiasmada e vai saindo do palco. A música acompanha o ritmo dos seus passos e os holofotes a seguem. Muito dramático. Muito teatral. "É muito importante que você não deixe ninguém a seguir, que ninguém espione e veja o que escreveu." Enquanto falo isso, vou andando atrás dela, como o personagem de um desenho animado, muito perto, espiando por cima dos seus ombros. Ela percebe, vira para trás e sorri, depois põe as mãos na cintura como se estivesse brigando comigo. O público gosta. Ela segura com firmeza o papel à sua frente, depois sai do palco enquanto retorno ao centro e olho para o público. Depois, como se tivesse acabado de me lembrar, chamo Shirley: "Escreva no lado esquerdo sob a câmera especial que instalei lá". Muitas risadas bem-humoradas.

Enquanto esperamos Shirley escrever o nome, volto ao público e falo com todos, setor por setor. "Então, meus amigos. Esta apresentação trata de energia positiva e isso significa que, quando Shirley voltar, quero muitos aplausos. Homens gritando e mulheres jogando os sutiãs para o alto. Brincadeirinha..." Todos rompem em gargalhadas. "Shirley, sem pressa", grito em meio a risadas e aplausos. "Você tem dez segundos."

Isso a traz de volta rapidamente e ela quase corre pelo palco. Está meio corada, animada com tanto barulho. "Senhoras e senhores, vamos dar boas-vindas à Shirley!" A música recomeça, alta e animada, enchendo o ambiente.

"Alguém viu alguma coisa escrita?", pergunto à plateia. Todos negam. "Ótimo. Shirley, olhe nos meus olhos." Olho em seus olhos por um tempo, chegando bem perto. Ela nem se mexe. "Huuuummmm...", começo. "Já sinto alguma coisa em você. É um homem ou uma mulher, certo?" Ela e o público riem.

"Fale em voz alta a palavra 'homem'."

"Homem", ela sussurra.

"Agora diga 'mulher' "

"Mulher", ela fala um pouco mais alto.

Olho diretamente em seus olhos. "É um homem, certo?"

Shirley responde: "Sim".

Ela parece muito bem. "Mas espere", começo. "Não é grande coisa." Olho para o público. "Aquele cara ali está pensando: 'Mais ou menos', né?" Todos riem. Volto-me para Shirley. "Agora pense no número de letras do nome. Não diga, só pense. Se você disser e depois eu revelar, impressiona menos o público." A minha voz está calma e continuo conversando, mas estou concentrado, energizado. "Então são uma... duas... três... quatro... São quatro letras, certo?"

"Sim!"

O público começa a aplaudir, mas levanto a mão e me volto para eles. "Não, não aplaudam. Aquele cara ainda está pensando: 'Lior, muitos homens têm quatro letras no nome.'" Desço do palco e entro na plateia. "Por exemplo, qual é o seu nome?"

"Mike!"

"Estão vendo, quatro letras. Qual é o seu nome?"

"Jonathan." Paro e começo a contar nos dedos. "Deixa pra lá."

Todos estão rindo, principalmente Shirley no palco. Subo as escadas e me junto a ela, envolvido pela energia do público. "Agora vem a parte difícil, Shirley. Imagine que ele está aqui agora e você precisa apresentá-lo a mim. Você diria: 'Lior'. Repita comigo. 'Lior, gostaria de apresentar...'" Shirley repete a frase e olha para mim ansiosa. "Aí você diz o nome dele, certo?" Ela diz que sim. "Você diz, 'Andy'", eu falo. Shirley abre a boca de espanto e leva as mãos ao rosto.

"Sim!", ela grita. "Meu Deus! Caramba!"

"É mesmo?", pergunto.

"É!", ela salta pelo palco, as mãos sobre a boca. "É inacreditável!" O público aplaude muito.

Em meio ao barulho e energia, grito: "Muitos aplausos para ela". A música volta a tocar enquanto Shirley, ainda cobrindo a boca, volta ao seu lugar. As amigas se levantam para recebê-la de volta, ainda aplaudindo.

Volto ao centro do palco e vou até a beira para falar com o público. "Agora quero interromper a apresentação. Preciso que ouçam com muita atenção. Vocês devem captar este momento com a mente. Não se esqueçam do que veem!" Faço uma pausa para que absorvam a mensagem. "Preciso de alguém com dinheiro." Alguns riem, mas outros levantam as mãos. Escolho um deles, um cara bem arrumado e com semblante ansioso.

"O senhor, venha aqui. Prometo não tocar no seu dinheiro. Prometo." Ele chega às escadas e sobe correndo no palco. "Qual é o seu nome?"

"Blake."

"Tudo bem, tire qualquer nota da sua carteira. Segure-a e não me deixe tocar nela. Se eu tocar nesta nota, quero que me dê um soco na cara. Melhor ainda, se me vir tocando nesta nota, me derrube e dê uma surra." O cara concorda, rindo, olhando para os amigos na plateia. "NÃO ME DEIXE TOCAR NO SEU DINHEIRO", grito. Ele dá um salto e volta a prestar atenção em mim.

"Blake, pegue a sua nota e guarde-a na sua mão fechada até o fim da apresentação. NÃO ME DEIXE TOCAR NELA. Também vou lhe dar este rolo especial. Não o desenrole, apenas segure, tudo bem?" Pego um rolo branco grande de papel em uma mesa no palco e entrego a Blake. Ele sorri.

"Ouça, volte ao seu lugar, meu amigo. Sempre que eu perguntar durante a apresentação: 'Cadê o dinheiro?', quero que grite: 'O DINHEIRO ESTÁ AQUI!' e sacuda a nota." Ele aceita, entusiasmado. Ele volta à sua poltrona e aos amigos, com a nota e o rolo nas mãos.

Agora você conheceu um pouco das minhas apresentações. Os meus espetáculos são um processo orgânico e nada é fixo ou estático. Já me apresentei em mais de quarenta países. As reações são diferentes de acordo com cada cultura. Na Índia, o público me reverencia como se eu fosse um deus; no Japão, as pessoas se assustam e saem correndo; na Europa, questionam: "Como ele faz isso?"; e, na América, as pessoas são espalhafatosas com a própria empolgação ou opinião. Mas uma constante é o sentido universal de espanto genuíno. É um sentimento maravilhoso que não experimentamos com frequência: a consciência de que as coisas que não sabemos são maiores do que as coisas que sabemos. Especialmente no que diz respeito à nossa mente.

DOIS

Uma bela mente

A maioria das pessoas, quando me encontra, pergunta sobre a minha leitura de mentes, especialmente sobre mover objetos sem tocar neles. Como faço? Tenho poderes sobrenaturais? Durante as minhas exibições, as pessoas dizem muito "uau!", "oh, meu Deus!" ou "fantástico!" As pessoas se impressionam e eu gosto muito disso. Porém, sabe o que mais me espanta? Eu era um garotinho tímido com apenas quatro amigos chegados: Yuval, Nissim, Shumer e Yishay. Mas, com o passar dos anos, com a ajuda das minhas habilidades mentais, me tornei alguém extrovertido que se apresenta a completos estranhos e consegue se exibir num palco para um número de pessoas que varia de vinte a dois mil. Para mim, essa é a verdadeira magia. Um tipo de mente que supera a matéria.

Entendi a importância da mente em tudo o que faço no palco e fora dele. Assim como as pessoas que vêm às minhas apresentações, sou constantemente surpreendido pelo poder da nossa mente. A mente de qualquer pessoa é capaz de coisas inacreditáveis. A sua também.

Apenas precisamos entender um pouco sobre o funcionamento da mente para aproveitar e concentrar a sua energia e usar o seu poder.

Ao desenvolver as minhas habilidades mentais, passei a ser uma pessoa totalmente diferente – ou ao menos consegui revelar o meu verdadeiro eu. Precisei de muita leitura e prática para encarar uma multidão, entretendo todos com os meus conhecimentos e energia positiva. Não sou cientista, psicólogo nem acadêmico. Não sou um pesquisador realizando experiências esquisitas no laboratório de alguma universidade, mas li livros de psicologia e negócios, além de livros sobre intuição, sugestão, imaginação guiada, parapsicologia, até ocultismo. Li o que pude. Depois parti para o mundo e pratiquei tudo o que li. Errei e aprendi com os meus erros. Depois errei de novo e também aprendi. Adquiri experiência. Agora uso a minha mente como uma ferramenta poderosa em todos os aspectos da minha vida, e você também pode usar a sua mente, porque vou lhe dar a chave de alguns segredos ocultos. Você aprenderá a usar o poder da sua mente para se comunicar e persuadir, estabelecer relações, criar e aproveitar a energia positiva. Descobrirá como usar a mente com criatividade para gerar mudanças. Desenvolverá a sua intuição a ponto de recorrer a ela e agir com decisão.

A nossa mente é a chave de tudo o que fazemos. Nos próximos capítulos, vou mostrar alguns dos diferentes modos em que uso a minha mente. Depois vou ensinar alguns truques para você descobrir e libertar o seu mentalista interior.

A primeira coisa a lembrar é: a sua mente é muito legal. Tente esta experiência e veja o que a sua mente é capaz de fazer. O nome é Experimento Ganzfeld.

Primeiro, pegue uma bola de pingue-pongue e uma fita adesiva. Depois, sintonize uma estação de rádio com ruído estático ou procure na internet o som de um ruído branco. Você pode ouvir com fones, se preferir. Deite e relaxe, cole metade da bola de pingue-pongue em cada olho e permaneça relaxado – de olhos abertos por alguns minutos.

O que aconteceu? O que você viu? Ou ouviu? Provavelmente você viu coisas loucas, imagens cruzando a sua mente. Basicamente, você privou a sua mente de qualquer estímulo e, quando isso acontece, a mente cria os próprios estímulos. Interessante, não acha? Se a mente conseguir fazer isso sem a sua ajuda, imagine como será incrível quando você aprender a controlá-la.

Antes que eu partilhe com você os meus maravilhosos segredos mentalistas, quero começar explicando quando foi que descobri as minhas habilidades.

Cresci em Haifa, Israel, com os meus pais e dois irmãos, Talmor e Aviram. Eu era o mais novo, sempre cheio de energia e muito curioso. Morávamos numa casa de três andares com um belo quintal e um deque nos fundos, o que era bom para mim, porque eu sempre gostei de me mexer, explorando, imaginando, escalando. Meus pais nunca imaginaram que o deque seria tão útil. Eu era muito distraído e sempre esquecia ou perdia as chaves de casa, então precisava descobrir maneiras criativas de entrar. Geralmente eu entrava pelo jardim, subia em uma árvore, deslizava por um galho e saltava para o parapeito da janela do meu quarto. Aí eu usava a minha régua de metal escolar (que eu nunca consegui perder nem esquecer) para quebrar o lápis que prendia as venezianas, abria a janela devagar e... Ahá! Lá estava eu na minha escrivaninha.

O meu pai fechava a janela e as venezianas de novo, mas eu sempre conseguia invadir. Acho que eu teria dado um ótimo arrombador. Ainda bem que escolhi ser mentalista. Ou, sendo mais preciso, o mentalismo me escolheu.

A vida era sempre interessante comigo ao redor. Acho que provavelmente eu tinha transtorno de *deficit* da atenção, hiperatividade ou um desses distúrbios. Eu costumava brincar com tudo. Se me dessem um brinquedo, primeiro eu o estudava, pesquisava a sua aparência e as sensações que gerava, e depois brincava com ele. Para mim isso significava desmontá-lo para ver como funcionava. Até mesmo um livro, eu o olhava por fora, via como era feito e sentia a sua energia antes de abri-lo. Um dia, o meu pai levou um televisor para casa. Eu o desmontei no dia seguinte e não consegui montá-lo. Não era maldade. Era apenas a curiosidade de descobrir como funcionava. A sorte é que os meus pais eram muito compreensivos, mas eles não gostavam de me deixar sozinho com as coisas por muito tempo.

Os meus pais contam que, certa noite, quando eu tinha uns seis anos, estava sentado na sala de jantar, tomando sopa como qualquer outro garoto. Aí a colher no meu prato de sopa começou a se mexer um pouco em direção à borda do prato – sem que eu tocasse nela. Os meus irmãos pararam de conversar, o meu pai ficou olhando e a minha mãe pediu para eu parar de brincar com a comida. Mas eu não estava brincando com a comida – a colher estava mexendo. Sozinha. Ou parecia estar. Todos nós a vimos tremer um pouco para um lado, escorregando pela borda do prato e entrando na sopa. Foi fascinante. E o mais interessante para mim é que eu sabia que eu a estava movendo, que de algum modo me conectei com ela através da minha mente e estava no comando. Simplesmente eu não sabia como estava fazendo aquilo.

Foi a primeira vez em que as minhas habilidades inusitadas surgiram. A partir daquele momento, eu soube que tinha uma capacidade especial. Eu apenas precisava descobrir como controlá-la. E a minha família? Bem, a minha mãe estava chocada, o meu pai se perguntava se estava bêbado e os meus dois irmãos estavam simplesmente esperando que eu me desse mal. Os meus pais não me levaram correndo a médicos para saber se havia algo errado comigo. Afinal de contas, eu não saí levitando da cadeira pela sala de jantar. Talvez eu tenha feito um movimento com a colher ou a mesa pode ter tremido ou o vento movimentou a colher – havia explicações. Maneiras mais fáceis do que achar que o seu caçula tinha essas habilidades estranhas.

Assim, o incidente foi esquecido na pressa do cotidiano e eu voltei a ser uma criança de seis anos, desmontando televisores. E pensando. Eu pensava muito. Eu era uma criança quieta que não tinha muito a dizer – no que agora, aliás, as pessoas custam a acreditar. Eu estava sempre pensando em ideias diferentes, absorvendo o que os outros falavam e refletindo do meu jeito. Era o meu modo de processar as informações, refletir, desmontá-las e guardar as partes úteis para outras situações. Não era necessário que eu falasse sobre as minhas ideias e, sobretudo, eu era tímido demais para tentar, então eu passava muito tempo dentro da minha própria mente. De várias formas puxei ao meu pai. Não importava qual era o trabalho dele, ele estava sempre tendo ideias e elaborando planos para outras coisas, anotando-os, esboçando esquemas, sempre pensando, inventando. Como Leonardo da Vinci. Parece louco, mas ele tem desenhos antigos de coisas que acabam de ser inventadas. Sempre brinco que ele poderia ter sido um bilionário se tivesse patenteado as suas ideias. Mas ele não está interessado. Está feliz com a própria vida.

Naquele tempo eu não sabia, mas agora, olhando para trás, sei que eu havia descoberto a minha paixão. A partir do momento em que movi a colher uma fração de centímetro no prato de sopa, toda a minha vida começou a seguir uma direção. Tudo o que fiz depois foi mover a minha vida por esse caminho, desenvolvendo as minhas habilidades mentais e me tornando um artista. Os meus pais me ensinaram a acreditar nas minhas habilidades e não me preocupar com o que os outros pensavam sobre mim. Eles aceitaram que eu era meio diferente das outras crianças.

Eu ainda era bem jovem quando comecei a fazer experiências com os meus irmãos. Eu sabia que algo estava acontecendo com a minha mente, mas não conseguia explicar. Tinha uma intuição muito forte e conseguia dizer muito sobre as pessoas apenas olhando para elas ou eu sabia o que alguém ia dizer antes que a pessoa falasse. Especialmente a minha mãe. Eu pedia para os meus irmãos pensarem em um número e muitas vezes adivinhava. No início eu apenas tentava adivinhar números de um a dez e logo percebi uma coisa legal. A maioria pensa no sete. É um processo psicológico. Primeiro eliminam um e dez porque você disse "entre um e dez", depois eliminam o número cinco porque está bem no meio. Aí, por algum motivo, o número nove some. Restam dois, três, quatro, seis e sete. Então a maioria escolhe o sete. Alguns acham que é um número da sorte – é um número recorrente em várias religiões e na vida diária, como os sete dias da semana, as sete cores do arco-íris.

Fiquei realmente interessado na mente humana, no modo como pensamos e agimos, e por quê. Pensava muito a respeito. Por que as pessoas falavam o número sete? Somos tão previsíveis? Decidi ver se eu conseguia influir as pessoas a dizerem um número diferente, o número que eu estava imaginando. E eu consegui. Eu não sabia como eu estava fazendo. Eu olhava para alguém e imaginava um número, e a pessoa dizia o número. Às vezes eu me concentrava em vinte e seis... Vinte e seis... Vinte e seis... Vinte e seis... E a pessoa dizia "vinte e seis". Ou às vezes eu apenas olhava para a pessoa e sentia um número vindo dela... Como vinte e seis. Aí eu dizia "vinte e seis" e estava certo em cerca de 90% das vezes.

Era muito empolgante para mim e incrivelmente gratificante, porque eu recebia aquele olhar de espanto. Isso me levou a ler mais e praticar mais. Eu deixava os meus amigos e seus jogos para ler cada vez mais livros, tudo o que estivesse ao meu alcance sobre o que acontece na mente das pessoas. Eu me sentia atraído pelo assunto e não conseguia me conter. Era tão interessante para mim! Não era um dever de casa, eu me sentia feliz ao ficar em casa perdido nesses livros, saltando do meio do livro para o início, depois voltando em busca de informações. Essa sede de conhecimento vinha de algum lugar profundo meu e eu a explorava ao máximo.

Ao mesmo tempo trabalhei muito em concentrar a minha mente. Algumas pessoas me disseram que essa hiperconcentração é um sintoma da síndrome de *deficit* da atenção. Você é capaz de ficar absorto em algo que o interesse por horas, bloqueando tudo ao seu redor. Era assim que eu ficava quando estava lendo ou me concentrando ou praticando a minha rotina "pense em um número". A propósito, é assim que abro todas as minhas apresentações agora pelo mundo: “Se eu pedir para você pensar em um número de um a cem, qual seria?”

ADORO VER A SURPRESA NO ROSTO DAS PESSOAS NESSAS APRESENTAÇÕES. ACHO QUE VOCÊ TAMBÉM VAI ADORAR. VEJA EM CLM3.VOZES.COM.BR

Depois de treinar muito as apresentações com números, comecei a praticar outras coisas. Pedia aos meus irmãos para segurar um pequeno objeto na mão, algo como uma moeda ou uma pedra, e depois adivinhava em que mão estava. E na maioria das vezes eu acertava. Você pode dizer que há 50% de chances de acertar, mas ao fazer isso dez ou vinte vezes seguidas, o cenário muda. Nessa época eu também estava treinando como parar relógios num horário específico e depois influenciar alguém a pensar nesse horário. As minhas façanhas estavam se tornando mais complexas, combinando conhecimentos diferentes, me baseando no que eu já tinha aprendido.

Também comecei a observar as pessoas, tentando entendê-las, como eu já fazia com os objetos. Eu estudava rostos e os seus movimentos para tentar descobrir o que se passava na mente delas. Era uma charada para mim, um desafio. Acho que comecei a observar as pessoas por ser tímido. Eu não falava muito, mas observava tudo, absorvia e processava. Foi aí que descobri algo espantoso. As minhas habilidades me permitiam quebrar o gelo. Eu não sabia como iniciar conversas, nem mesmo continuar conversas se alguém puxasse assunto. Existe a expressão “socialmente desajeitado”. Eu era assim. Mas, quando eu fazia uma experiência com alguém, atingíamos um nível de entrosamento social como se não fosse eu. Lior, o artista. Os meus atos falavam por mim.

O único jeito de realmente treinar as minhas novas façanhas era executá-las sempre que possível, então precisei começar a interagir com os outros. Acontecia assim: na escola ou no bairro, eu experimentava uma rotina com um dos meus poucos amigos, eles convidavam outra pessoa para ver e logo uma multidão se formava ao meu redor. Sempre que eu trabalhava com as minhas habilidades mentais, eu virava o centro das atenções. E provavelmente eu não havia dito nada a ninguém a não ser: "Você tem um relógio?" ou "Pense em um número." De certa forma, eu conseguia me esconder por trás das minhas rotinas e observar o meu público. O que eles esperavam de mim? O que aconteceria se eu dissesse algo engraçado? Eu fazia anotações mentais. Eu via que as pessoas gostavam das minhas brincadeiras e piadas, e gostavam de rir, então incluí essa dimensão. Aos poucos eu estava desenvolvendo uma apresentação inteira e era tudo muito natural. Isso sempre esteve dentro de mim – como o meu pai falava, era genético. Eu apenas precisava manifestá-lo. Então as minhas habilidades mentais e de animação cresceram lado a lado, uma ajudando a outra, já que eu praticava ambas. Às vezes me pergunto: se eu não tivesse descoberto as minhas habilidades mentais, o que teria acontecido comigo? Eu ainda seria aquele menino tímido, observando, vigiando, pensando, ou o meu lado animador teria encontrado outra válvula de escape?

Já adulto, sempre adorei o Super-Homem e tinha todas as revistas em quadrinhos, bonecos colecionáveis e camisetas. Ele era o meu herói. Ainda é. Pergunte à minha namorada, Tal. Ela comprou para mim um anel do Super-Homem que eu nunca tiro. O interessante sobre o Super-Homem é que ele nasceu daquele jeito. Há uma conversa interessante sobre a mitologia desse super-herói no filme *Kill Bill 2*. Quando o Super-homem acorda, ele é Super-Homem. Ele precisa se transformar no seu alter ego, Clark Kent, para se adequar ao resto do mundo. Pense no Batman e no Homem-Aranha: eles acordam como Bruce Wayne e Peter Parker e precisam se transformar em super-heróis. Sempre gostei dessa analogia e às vezes a relaciono com a minha vida. Quando eu era criança, me sentia como o Super-homem quando me apresentava; mas, quando não estava de frente para uma multidão, eu era o outro Lior, meio tímido e inseguro. A questão era: quem eu era de verdade? Qual era o meu alter ego? Qual deles eu era quando acordava? À medida que cresci e ganhei autoconfiança, a minha vida profissional se misturou com a pessoal e as linhas entre elas esmaeceram. Sempre terei uma queda pelo Super-homem.

Quando tinha uns treze anos, estava seguro o suficiente para me apresentar aos meus amigos em festas, *bar-mitzvás* e *bat-mitzvás*. Em Israel também existiam eventos em que as pessoas organizavam apresentações ou palestras na sala de estar para grupos de trinta a cinquenta convidados. Poderia ser qualquer "entretenimento": um astrólogo, um palestrante – eu! Agora não era mais uma simples questão de ensaiar algumas das minhas habilidades no pátio da escola. Agora eu tinha uma apresentação inteira, uma exibição real com uma plateia real. Eu dizia em qual número estavam pensando, em qual mão estavam segurando um objeto, parava relógios, esse tipo de coisa. As pessoas sempre se impressionavam com as apresentações, mas tornou-se importante para mim que apreciassem toda a experiência do início ao fim, que saíssem com uma sensação de energia positiva. O meu problema é que as exibições deveriam durar uma hora, mas não conseguiam me tirar do palco. Eu sempre demorava mais, experimentando novas façanhas de festas. Depois, quando passei a ter um agente, ele me explicou que devemos sempre deixar o público querendo mais. A minha primeira apresentação foi para crianças, e me pagaram 100 shekels, o que equivale a $ 30. Eu tinha treze anos. Fiquei tão orgulhoso!

Eu era visto como o rapazinho cheio de habilidades e consegui bastante trabalho através dos nossos conhecidos. Mas decidi que era hora de encontrar um público maior. Para tanto, eu precisava divulgar o meu nome, mas eu sabia que isso poderia ser uma perspectiva difícil, então comecei a fazer a minha propaganda. Eu tinha duas abordagens diferentes.

Um método era visitar pequenos restaurantes e lanchonetes em Haifa e me apresentar de graça. É preciso coragem para se aproximar de uma mesa com um grupo enorme de estranhos ou um casal apaixonado, mas eu vestia a minha melhor jaqueta, penteava o cabelo, respirava fundo, sorria e chegava. Em geral eu era muito educado, mas seguro. Um dos truques que aprendi foi nunca dar às pessoas a chance de negar. Em vez de perguntar: "Vocês gostariam de ver algo incrível?", já que os clientes poderiam responder "Não, obrigado" e voltar a conversar, eu dizia: "Vou mostrar algo incrível". Aí eu começava adivinhando o número no qual estavam pensando ou fazia uma colher ou um copo dobrar ou se mexer. Os clientes sempre respondiam positivamente. As pessoas nas outras mesas viravam para ver o que era aquela animação, esperando que eu fosse até as suas mesas depois.

As minhas aparições em restaurantes tinham o que chamo de efeito "dupla realidade". É algo que ainda uso. No início, os donos do restaurante às vezes achavam que um dos clientes havia me convidado, enquanto os clientes achavam que o restaurante havia me convidado para me apresentar. Então ninguém me mandava sair. Sempre funciona. Eu me apresentava por alguns minutos para algumas mesas, divertia as pessoas, as fazia rir e se sentir bem, e depois entregava os meus cartões de visita, esperando que alguém me veria e precisaria de mim numa festa empresarial ou num *bar-mitzvá*. Consegui ótimos negócios assim.

A minha outra técnica publicitária era enviar cartas a várias empresas em Haifa que pudessem estar interessadas nas minhas apresentações. Eu queria me destacar, então as cartas e os envelopes eram pretos, e nos envelopes eu escrevia "NÃO ABRA ESTA CARTA". É claro que os envelopes eram abertos – como estudioso da mente humana, eu sabia que seriam – e dentro estava uma fotografia ousada minha com as palavras: "Eu sabia que você não resistiria" e informações sobre a minha apresentação. As pessoas gostam de rir. Gostam de ser entretidas e apreciam um pouco de travessuras bem-humoradas no meio do dia. Recebi muitos telefonemas resultantes dessas cartas que enviava.

Às vezes eu usava as minhas crescentes habilidades para conquistar os meus professores na escola. Quando entrei no ensino médio já tinha deixado de ser aparentemente tímido. De repente eu tinha muito a dizer nas aulas sobre várias coisas. As minhas melhores disciplinas eram Ciências e Matemática – disciplinas com respostas concretas – e recebia uma enxurrada de notas boas. As disciplinas em que eu não era tão bom eram aquelas abstratas, como a Bíblia, Literatura e História. As minhas respostas nunca eram aquelas que os professores desejavam ouvir. O professor poderia dizer que o poeta tinha escrito aqueles versos porque estava sentindo amor platônico pela mãe, mas eu sempre discordava e oferecia uma interpretação diferente – que o professor interpretava como mediana. Porém, consegui aumentar a minha nota na aula sobre a Bíblia porque adivinhava qual era a exata palavra que o meu professor indicaria na Bíblia, e o meu professor de Educação Física me deu uma nota mais alta porque previ o resultado de um jogo de basquete da escola. Era definitivamente útil ter essas habilidades. Quinze anos depois, ainda estou usando essas mesmas habilidades. Veja esta nota do *New York Post* em 29 de julho de 2011: "Na noite de quarta-feira, durante o estrelado jogo de futebol da Liga Nacional, na Arena Red Bull, o mentalista Lior Suchard entreteve todos com os seus truques incríveis. Antes do jogo, Suchard previu corretamente o placar do primeiro tempo, além dos jogadores que fariam gols e quando fariam". Parece familiar?

VEJA TODA A INCRÍVEL PREVISÃO EM CLM4.VOZES.COM.BR

O meu professor favorito era o de Matemática. Eu realmente o respeitava porque ele encontrava uma maneira de garantir a minha cooperação. No fim de cada aula ele me dava alguns minutos para me apresentar para a turma – contanto que a minha apresentação incluísse matemática. Em troca, ele esperava que eu não interrompesse as aulas. Eu me divertia muito com a proposta dele e isso me ajudava a me concentrar na ideia de apresentar algo novo todos os dias para uma plateia. Assim eu ampliava e testava as minhas habilidades. Então quais eram as façanhas que eu apresentava para entreter a turma? Escrevia um número num papel e o escondia. Depois pedia ao professor para mostrar uma fórmula matemática. Qualquer fórmula. Não importava a fórmula que ele escolhesse, a resposta sempre seria o número escrito no papel. Era muito divertido ver a surpresa dele em todas as vezes. Eu passava dos limites. Escrevia um número num papel e entregava a ele num envelope, dizendo: "Pense em um número, mas não me diga. E não abra o envelope". Alguns dias depois, eu perguntava se ele tinha pensado em um número. Finalmente ele respondia que sim e abria o envelope. É claro que o número que ele tinha pensado era o número no papel. Ele sempre se espantava porque tinha pensado em dois ou três números, depois mudava de ideia e ainda assim o número que escolhia seria aquele no envelope. Eu também costumava jogar um jogo em que escrevia uma fórmula num papel que somente eu via. Depois o professor trazia um número. O número dele seria a resposta para a minha fórmula. Sempre.

Por falar em matemática, esta charada será fácil para você: se chocolate e chiclete custam $ 1,10 juntos, e o chocolate custa $ 1,00 a mais do que o chiclete, quanto custa o chiclete?

Provavelmente você pensou em 10 centavos, certo? Parabéns! Mas você errou. A resposta são 5 centavos. Mais adiante você saberá por que não é o único a responder errado.

Recentemente visitei o meu professor de Matemática e ele me falou algo muito interessante. Ele é professor há mais de quarenta anos e já ensinou muitas crianças. Mas viu apenas uma porcentagem muito pequena de crianças entrarem na sala de aula sabendo exatamente o que queriam fazer na vida. Eu fui uma delas. Ele sabia que, quando eu estava no ensino médio, não importavam as minhas notas, a minha escola ou as disciplinas que eu estudava. O resultado seria o mesmo porque eu tinha uma paixão e um sonho. Eu tinha uma meta. Foi muito emocionante ouvi-lo dizer isso.

Após o ensino médio, eu me inscrevi na IDF, as Forças de Defesa Israelenses. É obrigatório em Israel, por três anos. Você fica longe de casa e deve se tornar responsável – e se torna mesmo. É uma experiência muito boa. Consegui continuar me apresentando enquanto estive lá, fazendo exibições não oficiais como soldado combatente. Eu também tinha outras obrigações em que usava as minhas habilidades mentais, mas não posso contar – senão, você já sabe, terei que matar você. E depois, quando deixei o exército, comecei a conquistar as minhas metas de me transformar no melhor mentalista do mundo.

Contratei um agente e juntos nos esforçamos muito para encontrar apresentações para mim. Eu me apresentava onde pudesse, não importava o tamanho do evento, até me apresentava de graça. Eu queria divulgar o meu nome. Eu trabalhei no circuito de entretenimento de Israel – *bar-mitzvás*, festas particulares, festas corporativas – e, pouco a pouco, mais trabalhos em diferentes países começaram a surgir. Eu não negava nada. Trabalhava como louco.

Certa noite fui convidado a uma festa particular em Israel para me apresentar a um grupo grande. Nada inusitado sobre o evento, afinal eu já tinha me apresentado em muitas outras festas assim, mas lá me fizeram uma pergunta que representou uma enorme diferença na minha vida.

O anfitrião era dono de uma grande empresa de telecomunicações e estava prestes a lançar um novo celular. Ele achava que era um ótimo produto novo e esperava um estrondoso sucesso no mundo da telefonia celular. Até o fim da festa, ele se aproximou de mim e me falou sobre esse celular de alta qualidade e última geração. Aí, para a minha surpresa, ele perguntou se eu poderia ir a uma feira comercial internacional e ajudá-lo com a propaganda. O meu primeiro pensamento foi que eu jamais tinha trabalhado com algo assim antes e não tinha ideia do que era esperado ou se eu conseguiria fazer o que ele esperava. Então, é claro que aceitei, absolutamente. Eu ficaria muito feliz em participar. Então, quando voltei para casa naquela noite, pensei: No que fui me meter? Eu tinha todos os tipos de preocupações. E se essa nova função me afastasse das apresentações ao vivo e programas de televisão que eu esperava serem a direção da minha carreira? Seria um sucesso? E se eu realmente não conseguisse um jeito de promover um celular? Eu só tinha trabalhado com entretenimento, não exposições de produtos.

Lutei contra o pânico no meu estômago e transformei a pergunta "Como vou fazer?" em "Qual é a melhor maneira possível de me preparar para o evento?" E ainda incluí outra pergunta: "Como posso transformar essa feira comercial em parte da minha trajetória profissional?"

Depois, aprendi tudo o que pude sobre o ramo das telecomunicações, a empresa com a qual eu estava trabalhando e a concorrência. Li livros e artigos sobre publicidade e vendas. Até fiz uma viagem especial para uma conferência comercial internacional para ver exatamente o que acontece e o que esperavam de mim.

Finalmente chegou o dia do evento. O palco estava montado. Eu de frente para duas mil pessoas. Uma das minhas maiores apresentações. Depois de algumas piadas iniciais, convidei dez pessoas escolhidas aleatoriamente para subir ao palco com os seus celulares. Pedi a cada uma para telefonar para casa e ou para um amigo. A maioria não conseguiu. Os telefonemas não completavam, diziam que não havia recepção. Alguns conseguiram telefonar e eu os reuni na beira do palco. "Que celular vocês estão usando?", perguntei a cada um. E, é claro, os celulares que conseguiram telefonar tinham sido fabricados pela empresa que eu estava promovendo. A plateia ficou impressionadíssima e aplaudiu muito. Não precisei acrescentar outras palavras à exposição: a mensagem tinha sido claramente recebida.

Desde essa primeira feira comercial, eu me apresentei em dezenas de outras no mundo todo. A minha solução é sempre criar uma metáfora para os clientes para que o seu produto seja lembrado. Para as impressoras a *laser* Hewlett-Packard, lancei o conceito de impressão mental em vez de leitura mental. Para a BMW, dirigi de olhos vendados um E250 prata com o *slogan* "Você pode contar com a BMW de olhos fechados" sendo exibido em telões gigantes. Eu entrelaço as minhas habilidades com os produtos.

TAMBÉM ME DIVERTI MUITO DIRIGINDO VENDADO O PORSCHE DO MEU AMIGO. VEJA COMO ELE FICOU NERVOSO EM CLM5.VOZES.COM.BR

Alguns anos atrás, recebi um telefonema de um produtor de um programa de televisão. Tinham ouvido falar em mim através do ramo do infoentretenimento. Queriam que eu participasse como competidor num novo *reality show* chamado *The Successor*, que seria transmitido em Israel e em vários outros países, apresentado por Uri Geller, famoso ilusionista e animador israelense. A ideia por trás do programa era que Uri elegesse o próximo grande mentalista, o seu suposto sucessor. Uri é famoso internacionalmente desde os anos de 1970 por suas espantosas habilidades mentais, como dobrar colheres, parar relógios voluntariamente e usar incríveis habilidades telepáticas. Ele foi consultor de celebridades e líderes empresariais no mundo todo, ajudou empresas a encontrarem petróleo e foi o primeiro verdadeiro *infotainer*. Também é famoso pelo número de céticos que dedicam grande parte do tempo a tentar provar que ele é uma farsa. Aceitei imediatamente.

Havia nove mentalistas concorrendo ao título e, por mais de doze semanas, todos nós usamos as nossas habilidades mentais para fazer exibições incríveis e impressionantes, esperando agradar Uri, os jurados, a plateia e os telespectadores, que também podiam votar. Foi uma experiência incrível e divertida. Todos os mentalistas se conheciam, então havia muitas risadas e energia positiva.

Aprendi muito participando de um programa ao vivo. A pressão extra de ser acompanhado por câmeras não era tão diferente assim de se apresentar para um público numa festa. É preciso estar sempre concentrado quando se é mentalista ou artista. É preciso estar pronto para improvisar e ser espontâneo, mudar a apresentação, se necessário. Foi interessante imaginar os telespectadores assistindo às apresentações em casa. Isso me obrigou a pensar em manter a apresentação pessoal para a plateia ao vivo, mas também em me concentrar para ser suficientemente carismático e impressionar pessoas que você não pode ver.

No último programa, fui eleito o vencedor. O sucessor. Dois terços das pessoas votaram em mim. Uri Geller até disse: "Eu parei o Big Ben duas vezes, mas o que você fez me impressionou mais". Foi um momento tremendo na minha vida. Virei uma celebridade em Israel e na Europa, especialmente em Israel. Ao estar na televisão, me apresentei dentro das salas de muita gente e de repente não conseguia sair sem usar óculos escuros. Foi emocionante.

Muita gente achou que *The Successor* foi a minha grande oportunidade, mas discordo. O programa divulgou mais todo o trabalho árduo que eu vinha realizando nos últimos anos. A atenção da mídia que veio com a vitória foi divertida por um tempo e me possibilitou mais telefonemas e mais trabalho, mas depois acabou, eu simplesmente voltei ao que fazia antes: trabalhar muito para me transformar no melhor mentalista do mundo.

TRÊS

O PODER DA MENTE – VOCÊ PENSA, LOGO EU EXISTO

NOVA YORK, 2011

Peço a Amy para pensar em alguém, homem ou mulher, que eu jamais poderia conhecer. Alguém que não esteja na reunião, na sala de conferências do escritório da minha editora. Há muita gente aqui, e todos os olhos estão voltados para Amy. Ela move a cabeça rapidamente. Está calada, mas confiante. Imediatamente ela pensa em alguém. Consigo perceber pela concentração no seu rosto que já decidiu e não está hesitante nem mudando de ideia. "É uma mulher", digo. Ela faz que sim e sorri. Olho atentamente para o seu rosto, olhos, me aproximando bem. "O nome dela tem cinco letras." Mais uma vez, um aceno de cabeça, um sorriso. Ela é empática, torcendo para que eu acerte. A mente dela é muito aberta – o que me facilita bastante. "Alguém aqui a conhece?" Ela diz que não. Estou segurando uma caneta e um cartão e começo a escrever. Vejo letras, uma imagem. Começo a escrever as letras. Um N, um I. "Ela é muito próxima a você?", digo. Não é exatamente uma pergunta. Eu sei que é por causa da força do pensamento de Amy.

Paro de escrever. Tenho uma palavra de cinco letras, um nome escrito no cartão. Mostro aos outros, mas não deixo Amy ver. TANIA. Todos olham primeiro para o cartão, depois para Amy, as pessoas na segunda fileira se esticando para ver o rosto dela. Querem saber o nome. "Então, Amy", falo. "Em que nome você pensou?" Uma pausa – ela aproveita bem o tempo. "Tania", revela. Todos suspiram. Eu lhe mostro o cartão. "É a minha melhor amiga", diz Amy. "E é exatamente assim que se escreve o nome dela, com I, não Y." O que faz sentido, porque foi assim que ela pensou no nome ao pensar na amiga, e foi assim que vi o nome na mente dela. Todos estão animados, conversando. Como fiz isso? Como poderia ter entrado na mente de Amy e extraído esse nome?

Já li a mente de milhares de pessoas e extraí milhares de nomes de amigos, primeiros namorados, primeiros professores. Adoro ler mentes. Isso mostra a essência do que faço e o poder da mente com muita clareza. Uma mente entrando em outra. É legal e faz as pessoas pararem um momento para pensar em como a mente realmente é incrível. Não apenas a minha mente, mas a de Amy também. Ela foi capaz de evocar uma imagem da amiga dentro da mente quando a amiga estava longe. É um processo muito complexo. E não foi só isso: ela conseguiu preservar essa imagem na mente por muito tempo enquanto respondia perguntas minhas. E, provavelmente, milhões de outros pensamentos zumbiam na mente dela ao mesmo tempo: E se o Lior não adivinhar? O que Tania irá fazer agora? E se Lior conseguir ler tudo na minha mente? E o mais interessante é que todos naquela sala poderiam ter feito o mesmo.

Veja a leitura deste livro, por exemplo. O simples ato de ver os símbolos que compõem as palavras provoca um turbilhão de atividades no seu cérebro, até mesmo antes de você traduzir os símbolos em palavras e frases com significado, o que, por sua vez, acenderá outras conexões no seu cérebro à medida que você recruta o seu intelecto e as suas emoções. Sem falar que você também está registrando o som do tráfego na rua, lembrando que é aniversário do seu irmão, percebendo que está com sede e constatando que provavelmente já está na hora de ir para o trabalho. Tudo no tempo que você levou para ler a frase. A mente é incrível.

Todos nós sabemos que temos cinco sentidos: visão, olfato, paladar, tato e audição. Ainda consigo me lembrar de quando aprendi isso na infância. Os nossos sentidos nos permitem processar e perceber o mundo ao redor. Adivinhe! Não é assim tão simples. Hoje os cientistas concordam que temos outros sentidos também, outros meios de absorver as informações externas. Sabe como você anda de bicicleta? Graças ao seu sentido de equilíbrio. E o que lhe diz para usar luvas num dia gelado? O seu sentido de temperatura. É ele que também lhe avisa quando deve parar de tocar no ferro quente. Eu usava muito isso quando criança. Também temos sentidos que nos ajudam a detectar a dor ou nos transmitem o peso de alguma coisa. E também há sentidos de tempo e direção – embora eu conheça muitas pessoas que parecem não ter nenhum dos dois.

Para mim existe outro sentido também que é interessantíssimo. É aquele comumente conhecido como "sexto sentido". O que quero dizer? Significa a percepção do mundo através da minha mente, usando esse sentido além dos outros sentidos para ver e entender as coisas de modo especial. Acredito que, através da nossa atenção, criamos campos perceptivos que se alongam em torno de nós. Alguns de nós somos mais sensíveis a esses campos ou somos capazes de concentrar a nossa atenção com mais intensidade. As pessoas sempre me perguntam se tenho poderes sobrenaturais. Não tenho. Embora eu use a palavra "sobrenatural" na minha apresentação, não acredito que as minhas habilidades sejam anormais. Não me intitulo um paranormal ou vidente. Ao contrário, digo que tenho certos "conhecimentos" ou "habilidades" e acredito que todos tenham também. Em certo grau. Todos nós usamos a nossa mente de modo diverso. Para mim foi uma questão de descobrir na infância que tinha talento para usar a minha mente de forma diferente e depois praticar e aperfeiçoar essa habilidade. Foi uma questão de uma forte concentração no assunto. Não é simplesmente querer que uma colher se dobre ou mova. Ou ler os pensamentos de alguém. Você precisa se concentrar e treinar. E, você sabe muito bem, eu treinei muito.

Há um momento famoso quando Gary Player, jogador de golfe sul-africano, acertou a bola no buraco a 274 metros de distância. O público vibrou de admiração e espanto. Um espectador gritou: "Que sorte!" Gary respondeu: "Você tem razão. Mas o engraçado é que quanto mais eu treino, mais sorte tenho".

Como se concentrar na concentração

Concentrar a mente é esvaziá-la de distrações para pensar com clareza. É mais fácil para as crianças conseguir uma concentração profunda porque elas vivem no presente e não se preocupam com aquilo que não existe agora. Os adultos, por outro lado, não estão totalmente presentes porque ficam distraídos – e não percebem. Aprenda a se perguntar: "O que está na minha mente agora?" Talvez você esteja pensando num telefonema que precisa fazer, o que está desconcentrando você. Se puder, resolva as distrações imediatamente. Ou coloque-as numa lista e as resolva depois para que a sua mente possa relaxar agora e você consiga usar todo o poder do seu cérebro para a tarefa em questão.

Existe um artista cego chamado John Bramblitt que, após perder a visão, aprendeu a pintar sentindo as diferentes texturas de tintas de cores diferentes. Ele enxerga tão bem com o tato que pinta quadros extremamente realistas de pessoas que nunca viu. É espantoso! Há cegos que andam de bicicleta e percorrem trilhas em florestas porque aprenderam a habilidade da ecolocalização para se locomover. Há compositores surdos que compõem as mais belas sinfonias, mas nunca ouvem a música. Há tantas formas de perceber o mundo! Por que é tão surpreendente que alguém consiga ler mentes ou usar a energia mental para entortar talheres?

A mente é impressionante.

A minha apresentação se chama *Entretenimento sobrenatural*. O nome é autoexplicativo. A apresentação mergulha no sobrenatural, naquelas áreas além dos cinco sentidos que lidam com a percepção extrassensorial. E, igualmente importante, é puro entretenimento. A minha meta é propiciar uma experiência positiva e emocionante ao público todas as vezes em que me apresento.

Descrevi o modo como uso os meus pensamentos de modo similar a usar um raio *laser* comparado a uma lanterna. Quando jogo basquete, sou absolutamente uma lanterna se comparado ao raio *laser* de Michael Jordan. E tocar guitarra? Sou melhor do que uma lanterna, mas não um raio *laser*. Poderíamos seguir, mas você já entendeu. Tenho certeza de que você tem muitos talentos em que se aproxima de um raio *laser* e outros... Bem, deixa pra lá.

Algumas coisas que consigo fazer com a minha mente:

- Adivinhar o número em que você está pensando, de um a cem.
- Saber o nome do seu primeiro namorado.
- Saber o nome do seu primeiro professor.
- Saber o seu signo e a data do seu nascimento.

- Saber o nome que você imaginou para o seu filho que ainda não nasceu.
- Entortar uma moeda, colher ou prego na sua mão.
- Dobrar o pedestal de um cálice de vinho.
- Fazer os seus óculos saltarem no ar.
- Contar uma história que só você sabe.
- Transferir energia de você para outra pessoa.
- Fazer você pensar que está sendo tocado, quando não está.
- Prever qual palavra você escolherá entre as centenas de palavras de um livro escolhido aleatoriamente.
- Prever números agora que você me dirá amanhã.
- Bagunçar o giro de um jogador de beisebol.
- Vencer uma partida de pôquer.

E coisas que não consigo fazer:

- Adivinhar a loteria, já que é sorteada por máquinas (embora eu já tenha me aproximado).
- Ler os pensamentos de estranhos aleatórios que estejam de passagem.
- Ler todos os seus pensamentos ao me sentar de frente para você no jantar.
- Encontrar pessoas desaparecidas, embora eu gostaria.
- Curar doenças (me pediram várias vezes).
- Falar com os mortos (na verdade, consigo falar com os mortos, mas eles nunca me responderam!).
- Caminhar pelas calçadas sem cair em buracos.
- Engordar, embora eu tente.
- Jogar nos cassinos de Las Vegas.

Uso aspectos diferentes das minhas habilidades mentais para cada uma das diversas façanhas que apresento, combinando-os com técnicas que aprendi na psicologia ao longo da minha trajetória. Na leitura da mente, leio a pessoa integralmente, assim como a mente, usando pistas como linguagem corporal e movimentos dos olhos para me ajudar a canalizar os meus processos de pensamentos e me concentrar com mais clareza no nome ou imagem exatos nos quais a pessoa esteja pensando.

Sempre que dou a você a opção de pensar em algo, seja um número de um a cem, ou uma palavra num livro escolhido entre centenas de livros numa prateleira, anoto qual será a sua escolha antes do tempo. Parece que estou fazendo uma previsão. E, de certo modo, estou, mas é uma previsão aberta. A questão é: "É possível ler uma mente quando o pensamento ainda não está lá?" Pense um pouco nisso. Como consigo prever um número se você ainda não pensou nele? O mesmo vale para a palavra. Como posso prever qual palavra você escolherá se você nem escolheu um livro? Mas a verdade é que você escolhe um número ou uma palavra porque eu faço você escolher. Eu convenço você. Eu influencio você. Eu entro no seu processo de pensamento e planto aquela palavra ou aquele número. Não é legal?

Londres, 2009

Às vezes faço um pouco de leitura da mente e um pouco de persuasão ao mesmo tempo. Os limites se confundem. Estou numa festa empresarial num antigo armazém restaurado perto do rio. Peço para Penny sair da sala e pensar num horário. Qualquer horário que ela deseje. Enquanto ela está longe, peço a um rapaz, Peter, para virar os ponteiros do seu relógio de pulso para trás e para a frente, para trás e para a frente, e parar onde ele quiser. O tempo todo escondendo a frente do relógio para que ninguém, nem mesmo Peter, consiga ver a hora.

Então chamo Penny de volta. "Pensou num horário?", pergunto. "Sim", ela responde. "É um horário com um significado específico para você ou é aleatório?" "É especial", ela declara, assentindo com entusiasmo. Então lhe peço para visualizar o horário num relógio de parede. "Imagine o Big Ben ou simplesmente um relógio grande." Assim, ela vê o horário na própria mente de modo analógico, não digital. É mais fácil para mim. Nesse ponto, a imagem do horário fica muito clara para mim. Eu a anoto no meu cartão, mantendo-o escondido. Olho para Penny. O rosto dela brilha de emoção. "Diga o horário que você pensou." "Sete e cinquenta e cinco", ela diz. "Foi o horário em que nasci." "É incrível, porque escrevi no meu cartão '7:55'", revelo, mostrando o cartão a todos. Penny suspira. Ela não consegue acreditar.

"Que loucura", diz alguém algumas fileiras atrás. Todos na sala estão impressionados por eu ter lido a mente de Penny e descoberto um horário tão pessoal.

"Mas esperem", falo. "Não acabou. Vocês lembram que Peter girou os ponteiros do relógio dele e escolheu quando parar? E ninguém viu a hora?" Todos estão concordando, cheios de expectativa. "Peter, você pode olhar o seu relógio e nos dizer a hora?"

Ele levanta o relógio. "Sete e cinquenta e cinco", diz. Ele balança a cabeça, estupefato. "Incrível", alguém exclama. Todos aplaudem.

Impressionante, não acha? Mas existe uma entrelinha. Pergunto a você: Eu li a mente de Penny enquanto ela estava lá fora e fiz o relógio parar ao mesmo tempo? Ou parei o relógio às 7:55 primeiro e depois persuadi Penny a pensar naquele horário? E, se eu a persuadi, como eu soube persuadi-la a pensar num horário com tanto significado emotivo para ela? O horário do nascimento dela? Coincidência? Acho que não. Não acredito em coincidências. Sim, é surpreendente. Já fiz isso muitas vezes quando peço para as pessoas pensarem em um número. Planto um número na mente delas e depois elas me dizem que tinham pensado nesse número por causa de associações especiais. Uma mulher me falou que havia pensado em noventa e um porque o avô dela tinha acabado de completar noventa e um anos. Na realidade, eu tinha escrito esse número antes de pedir para ela pensar em um número. Dá o que pensar, não acha?

Já mencionei outro aspecto da minha habilidade mental: a transferência de energia positiva ou energia *chi*. Essencialmente é uma forma de energia vital que une corpo, mente e espírito, e que crio e controlo usando a minha mente. Envolve extrema concentração dos meus pensamentos para reunir e enviar energia – energia suficiente para fazer óculos voarem pelo ar, entortar colheres e moedas na mão de alguém ou parar um relógio. Ou até transferir energia de uma pessoa para outra. Esse tipo de mentalismo é realmente interessante porque é aí que os meus pensamentos podem ser claramente vistos funcionando fora da minha mente, projetando-se além do meu corpo, aparecendo de forma física. É a mente sobre a matéria em seu estado mais puro.

Portanto, leitura mental, persuasão e energia *chi* são os elementos de como uso a minha mente como mentalista. É a resposta básica a "como você faz isso?" É uma questão de aproveitar o poder da mente de maneiras bem específicas. Falarei sobre o que faço com mais detalhes nos próximos capítulos e abrirei uma porta a um mundo de segredos ocultos que você pode usar. Realmente acredito que todos possam aumentar os próprios poderes mentais, talvez não a ponto de se tornar um mentalista, mas o suficiente para avançar um pouco na escala de uma lanterna a um raio *laser*.

Provavelmente você já adivinhou que eu adoro tudo o que se relacione à mente e ao seu funcionamento. Considero parte do meu trabalho ler tudo o que eu puder sobre os mecanismos do nosso cérebro, dos nossos processos de pensamentos e sobre como pensamos da maneira que pensamos.

O conceito de mente sobre a matéria é realmente interessante, em especial quando pensamos nele em termos de metais que se dobram e objetos que voam. Mas e se eu disser que todos nós o usamos o tempo todo? Pense um pouco no efeito placebo. Todos nós já ouvimos sobre estudos médicos em que os pacientes recebem um tratamento que, na verdade, não os afeta fisicamente e não é capaz de curá-los. Mas o ponto importante é que dizem ao paciente que o tratamento ajudará a melhorar a sua condição médica, então ele acredita que sim. Nesse caso, a mente assume o comando. Ela começa a trabalhar para ajudar o corpo a se curar. Mente sobre matéria.

Houve um estudo na Alemanha em que as pessoas eram giradas rapidamente numa cadeira motorizada. Antes, algumas recebiam um biscoito com sabor de alcaçuz para mastigar e o aviso: "Ajuda a evitar náusea". Quando perguntavam como se sentiam após o giro, todas se sentiam muito melhor do que aquelas que não tinham recebido o remédio especial. O biscoito de alcaçuz não passava de um confeito; mas, assim que a mente delas recebia a informação de que aquilo era um remédio, o cérebro enviava sinais que mobilizavam os analgésicos do próprio corpo. Então elas não sentiam náusea. Ótimo, não é?

Se eu lhe disser que o seu dia será excelente, então será, simplesmente porque a sua mente processará essa informação e internalizará essa expectativa. Se eu disser que você viverá o pior dia da sua vida, então, pode acreditar, será assim. Você será surpreendido pela chuva sem guarda-chuva, chegará atrasado a uma reunião, perderá o cliente que esperava ganhar – para o seu arqui-inimigo –, levará um fora do(a) namorado(a). E isso tudo antes do almoço. Você entendeu. E não porque sou um leitor da mente e estou persuadindo você. É o efeito Pigmaleão, uma profecia autorrealizável, uma previsão que se transforma em realidade – e existem dados científicos que comprovam.

Num estudo informal, uma professora dividiu a turma de crianças de nove anos em dois grupos de acordo com a cor dos olhos e disse a um grupo que eles eram mais inteligentes e com mais chances de sucesso. Eles recebiam privilégios especiais e ouviam palavras positivas em comparação ao grupo inferior. O grupo superior obteve resultados muito melhores nos trabalhos escolares daquele dia, enquanto o grupo inferior obteve péssimos resultados. Alguns dias depois, os grupos foram invertidos. Nas provas de Matemática e Ortografia naquele dia, o novo grupo superior (anteriormente o grupo inferior) saiu-se muito bem e o novo grupo inferior (anteriormente o grupo superior) saiu-se muito mal – simplesmente com base em sugestão e no processamento dessa sugestão realizado pela mente.

Observando o subconsciente

A nossa mente trabalha sem percebermos desde que acordamos e começamos a executar as múltiplas tarefas do nosso mundo. Aprendemos todos os tipos de atalhos e respostas automáticas para lidar com as coisas nas quais não precisamos pensar – aqueles detalhezinhos como respirar, ou saber, pelo perfume que vem da cozinha, que a primeira xícara de café está pronta – para conseguirmos concentrar a nossa mente no transporte da manhã ou na corrida na esteira da academia. O tempo todo estamos visualizando o mundo através dos nossos sentidos e agindo e reagindo ao que vem de fora enquanto nos concentramos no que vem de dentro – O que a sua namorada quis dizer na noite passada ao falar que estava trabalhando até tarde? Qual é o nome daquele filme novo que você quer ver? A nossa mente consciente é muito ocupada. E aí existe o subconsciente. Na maior parte do tempo nem estamos cientes do nosso subconsciente, mas ele compõe um grande porcentual dos nossos processos mentais. Ele também é ativo mesmo quando não temos certeza do que ele está fazendo.

Você gostaria de começar um jogo comigo para entrar no mundo do seu subconsciente? Quero que pense em duas formas geométricas simples, uma dentro da outra, mas não me diga ainda quais são. Primeiro leia os meus conselhos com muita atenção. Preparado?

Conseguir escolher é um assunto muito
Íntimo. Quero que você se sente,
Relaxe um pouco e
Calmamente pense nas suas opções.
Uma pausa, respire profundamente, inspire e expire.
Logo a sua mente vai se esvaziar e se concentrar,
Obediente.

Deixe vir à sua mente a imagem de uma tela em branco.
Então, quero que pense
Nisto: duas formas geométricas
Típicas. Nos
Recantos profundos da sua mente,
Onde uma está

Dentro da outra.
O resto da sua mente está vazio.

Tente pensar nessas formas
Rondando a sua mente.
Imagine uma dentro da outra
Antecipe a visão
Numa imagem,
Graficamente.
Uma observação das suas
Linhas geométricas e
Onda de energia forte.

Agora fixe as formas na sua mente. Em quais você pensou?

Se você for como 80% das pessoas – e aberto a certa persuasão subliminar sutil – terá imaginado isto... Vire a página:

Agora volte e veja a primeira letra de cada frase dos meus conselhos. Interessante, não? E, se você não tiver escolhido essa combinação de formas, não se preocupe. Só aviso que não jogarei pôquer com você tão cedo!

Uma outra forma de ver o seu subconsciente em ação: imagine que, por algum milagre, você esteja adiantado e tenha sobrado tempo nesta manhã para passar no mercado antes de ir trabalhar. Você decide comprar um cereal e vai até a gôndola dos cereais, onde dezenas de caixas e pacotes diferentes exibem os seus rótulos e logotipos nas prateleiras. Você observa as fileiras de produtos e vê um que nunca experimentou, mas aposta que é delicioso. E até mesmo saudável. *Crunchy ChocoNuts*. Você não sabe por que quer, mas parece a escolha certa, até uma escolha familiar. Então você compra o cereal e desce as escadas para a estação de metrô. Em geral você corre por essas escadas de concreto, olhos e ouvidos em busca de sinais de um trem chegando. Mas hoje você está adiantado. Então você desce os degraus sem se preocupar com o trem, absorvendo detalhes que não registraria normalmente: o azulejo quebrado na parede em frente, a nova pintura azul no guichê e um cartaz publicitário do *Crunchy ChocoNuts* bem à sua frente. Delicioso – e até mesmo saudável. Você nunca tinha visto esse cartaz em meio à correria das suas manhãs. Mas a sua mente subconsciente o registrou e agiu – sem você saber. A caixa de *Crunchy ChocoNuts* na sua bolsa é a prova. É por isso que os publicitários brigam entre si para bombardear a nossa mente com mensagens subliminares.

Já me perguntaram se uso mensagens subliminares nas minhas apresentações para ajudar na leitura da mente, como colocar o número trinta e oito atrás de cada poltrona do auditório e depois pedir para alguém pensar em um número de um a cem – e adivinhar trinta e oito. Mas não é assim que uso o poder dos meus pensamentos. Aperfeiçoei as minhas habilidades a ponto de trabalhar de um modo muito sutil e subliminar, mas o meu método não pode ser racionalizado nem detalhado como o cartaz do *ChocoNuts*. Mas se eu realmente colocasse o número trinta e oito no assento de todos, poderia influenciar alguém a NÃO o escolher? Essa questão me parece mais interessante.

Ajustando a sua mente

O que mais a nossa mente incrível pode fazer? Leia o próximo trecho.

> *Sgenudo uma pseuqsia da Uinevsrdiade de Cmarbdige, não ipmrota a orcdm das ltears na plarvaa, a úicna csioa que ipmrtoa é que a piermira e a útlmia lrtea etsjeam no lagur ctero. O rtseo pdoe ser uma bgançua taotl e anida aissm vcoê cnoesuge ler sem porlbmea. Isso puqroe a mtnee hanuma não lê cdaa lrtea snhzioa, mas a pvrlaaa cmoo um tdoo.*

Provavelmente você não teve nenhum problema para ler. Embora as informações fornecidas nesse trecho não sejam inteiramente precisas (e você pode ler a história toda em http://www.mrc-cbu.cam.ac.uk/people/matt.davis/Cambridge/), o que chama a minha atenção é como a mente consegue decifrar essas palavras. O nosso cérebro é capaz de achar sentido naquilo que não tem sentido. Ele gosta de criar lógica nas coisas.

Preparado para um desafio? Confira se você tem o poder mental de ler este texto que recebi num e-mail. Provavelmente você vai achar que fica mais fácil à medida que ler.

> F414NDO F1GUR4T1V4M3NT3
>
> 35T4 M3N54G3M 53RV3 P4R4 PROV4R COMO 4 NO554 M3NT3 POD3 F4Z3R CO1545 1NCR1V315!
> CO1545 1MPR3551ON4NT35!
> NO COM3ÇO FO1 D1F1C11, M45 4GOR4, N35T4 11NH4, 4 5U4 M3NT3 35TÁ 13NDO 4UTOM4T1C4M3NT3, 53M 53QU3R P3N54R.
> P4R4B3N5, 4P3N45 41GUM45 P355O45 CON53GU3M 13R 15TO!

Muitas vezes a nossa mente segue atalhos mentais para não precisar vagar e processar cada pedaço de informação apresentada. Absorvemos as informações e, com base no que já sabemos graças à nossa experiência de vida, tiramos conclusões. Na maior parte do tempo isso dá certo. Quando vemos uma mobília de quatro pernas próxima a uma mesa, sabemos que é uma cadeira sem precisar analisar cada prego ou a madeira para saber se é verdade. Olhamos de relance e o nosso cérebro preenche o resto. Seguimos com a nossa vida. Mas às vezes o cérebro toma um atalho que nos conduz à direção errada, com resultados surpreendentes.

Segure esse pensamento e me deixe ler a sua mente um minuto. Veja o encarte colorido no centro do livro.

Agora olhe esta frase:

Fácil de ler, certo? Maravilhas da percepção. O nosso cérebro consegue preencher as lacunas com base em nosso conhecimento e experiência anterior, completando o resto das palavras. Bastante impressionante.

Mas está errado. Esse atalho em especial não nos serviu. Estas são as palavras:

MABAVLLHAS DA PFBCFPCÃQ

Outro exemplo:

Leia a frase em voz alta. De novo. Agora leia bem devagar, pausando após cada palavra. Aha! Agora você percebeu que pulou o segundo "no" na primeira vez, porque o seu cérebro captou a familiaridade e ligou o piloto automático. É incrível o que pode ser perdido, não é?

Agora conte quantas vezes a letra "o" aparece na frase:

O arquivo finalizado é o resultado
dos anos do estudo científico
combinado com o conhecimento
de anos...

E então? Você contou doze ou treze? Você acreditaria se eu dissesse que há dezessete? Tente de novo. Algumas pessoas precisam ler três ou quatro vezes para contar todos. O nosso cérebro não registra o artigo "o" por ser uma expressão muito comum. Simplesmente nos passa despercebido, o nosso cérebro está no piloto automático.

Como você vê, a realidade pode burlar a nossa mente, fazendo-nos recuar e esperar. Agora vamos acionar o cérebro e pensar. Primeiro concentre o seu cérebro e veja se consegue ler esta frase:

Eu amo Paris na na primavera.

Embora pareça que a nossa mente pode entender mal as situações muitas vezes, o fato é que há uma quantidade absurda de coisas acontecendo dentro do nosso cérebro, então precisamos confiar nesses atalhos. Não temos tempo para analisar e confirmar cada pedacinho de informação que atravesse o nosso caminho. Na maior parte do tempo, esses atalhos funcionam. Mas, às vezes, precisamos ser mais conscientes, mais atentos ao que está acontecendo e menos dispostos a recorrer ao piloto automático em nossa vida. Precisamos mostrar à nossa mente quem está no comando.

Como mentalista, preciso fazer isso várias vezes. Preciso fazer a minha mente funcionar para mim de maneiras que eu consiga controlar. Tomar o poder e manipulá-la, seja através da canalização da energia *chi*, usando a intuição, foco, influência e persuasão, ou lendo a linguagem corporal e as expressões não verbais. Tudo isso aumenta o controle que exercemos sobre a nossa mente e revela o poder dela.

Veja um jeito engraçado de mostrar como você pode concentrar os seus pensamentos para impedir que a sua mente funcione no piloto automático.

Comece a girar o seu pé direito em sentido horário (para a direita) e continue desenhando círculos com ele. Agora use o dedo da sua mão para desenhar um número seis no ar. O que acontece com o seu pé? Se você for como a maioria, o seu pé automaticamente começará a girar em sentido anti-horário (para a esquerda). Experimente de novo, agora tentando forçar o seu pé a girar para a direita. É difícil, mas possível. É como a mente sobre a mente sobre a matéria! Você está combatendo a inclinação natural da sua mente em seguir o movimento e a direção da sua mão. Quanto mais você se concentrar, mais fácil ficará.

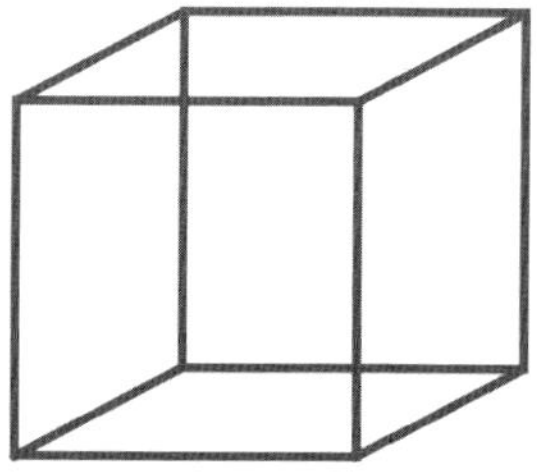

Este é um cubo de Necker, uma imagem que o nosso cérebro interpreta como tridimensional. Na verdade, são apenas doze linhas cruzadas, mas a maioria as vê como um cubo com a face esquerda inferior sendo a frente. É possível fazer a imagem mudar. Às vezes isso acontecerá espontaneamente, mas você também pode fazer de propósito.

Concentre a sua mente para puxar a face de trás do cubo, que está virado para a esquerda, até a direita para que se torne a face superior de um cubo com a face para a direita. Experimente! É divertido manipular a imagem e ver que aquilo que os nossos olhos veem nada mais é do que a versão que a nossa mente nos permite ver.

Como você acaba de ver, a lição mais importante para usar todo o poder da sua mente é primeiro estar ciente dela em toda a sua complexidade. Reconheça que a sua mente é espantosa. Depois esteja ciente da frequência com que passamos do pensamento ativo ao funcionamento em piloto automático. Quantas vezes você está caminhando e percebe que não se lembra do trajeto porque os seus pensamentos estavam em outro lugar? É claro que às vezes é bom estar no piloto automático, mas a maioria de nós faz isso mais do que deveria. Você precisa acionar e usar a sua mente com consciência, especialmente se quiser algo das outras pessoas. Como verá a seguir.

Las Vegas, 2011

900 PESSOAS

Vamos voltar à apresentação. Até agora adivinhei um número, um nome, e Blake está segurando um rolo e uma nota de $ 5 sem que ninguém esteja tocando no dinheiro.

Convidei uma mulher, Jane, para subir ao palco e me ajudar. Ela está um pouco nervosa. "Jane", digo e coloco a minha mão suavemente em seu ombro. "Nós nos conhecemos pessoalmente?"

"Não", ela responde, balançando a cabeça vigorosamente.

"Você parece muito feliz com isso. Por quê?" Agora ela está rindo, relaxando um pouco.

"Preciso da sua ajuda para descobrir um número de telefone." Entrego a ela um enorme catálogo local e ela cambaleia com o peso. "Gostaria que você escolhesse qualquer número de telefone do catálogo. Qualquer um entre as centenas de milhares de números. Você decide." Jane rapidamente folheia o catálogo, os olhos correndo pelas páginas. "Não tenha pressa", falo. "Enquanto você está procurando um número, nós vamos nos divertir."

Vou para a plateia com alguns cartões brancos. Cada cartão tem um número. Há uma verdadeira energia positiva aqui. "Tudo bem", falo, parando na fileira da frente perto de um grupo de mulheres na faixa dos vinte anos. "Escolho todas vocês." Elas riem. "Vou entregar esses cartões e vocês vão embaralhá-los entre vocês, misturar, misturar, misturar, como uma dança das cadeiras, e assim teremos uma combinação completamente aleatória de números. E parem quando quiserem, certo?" Elas aceitam entusiasmadas e passam os cartões. Já estão passando-os para lá e para cá. A música está tocando.

"Jane, já escolheu?" No palco, Jane diz que sim e eu me dirijo à fileira de mulheres com os cartões. "Lembrem, quando estiverem prontas, parem de embaralhar os cartões." Há um último movimento, um cartão passado para o fim da fileira, as mulheres riem e param. "Deixem os cartões virados para baixo até eu avisar, certo? Assim ninguém vê os números." Todas agarram os cartões como se disso dependesse a vida delas, sorrindo, esperando. Volto para o palco.

"Então, Jane, para garantir que é justo. Eu disse qual número você deveria escolher?"

Jane ri e sacode a cabeça.

"Então fale qual número do catálogo você escolheu."

Pego uma caneta e fico ao lado do tripé, pronto para escrever. "464-9672", diz Jane.

Repito os números, "4 6 4 9 6 7 2", pausando após cada um e escrevendo num tamanho bem grande para que todos consigam enxergar.

"Obrigado, Jane." Agora olho para o público. "Então, entre uns quinhentos mil números neste catálogo, Jane escolheu um número aleatório, mas específico. 464-9672." Aponto para o número no tripé. "É impossível prever o número escolhido pela Jane e é impossível prever a combinação aleatória de números criada pelas mulheres da primeira fila. Então qual é a chance de um número corresponder ao outro?"

"Senhoras", olho para a plateia, para a fileira onde as mulheres que embaralharam os cartões estão. "Levantem-se, uma por uma, começando nesta ponta, virem e levantem os cartões, um por um, para que todos vejam os números." A primeira mulher levanta e ergue o cartão: 4. A próxima levanta um 6. As pessoas na plateia esticam o pescoço, sussurrando. O próximo número é 4. A plateia se agita. "Não é possível!", alguém no fundo grita. As mulheres com os números estão rindo, balançando a cabeça. Agora as últimas mulheres, uma de cada vez, mostram os seus números:

9, 6, 7. As pessoas na plateia estão gritando os números. Tensão no ar. Eletricidade. A mulher com o último cartão o segura contra o peito, com medo de mostrá-lo. "Quando eu disser 'três'", grito e o público conta comigo: "Três, dois, um". Ela vira o cartão, é um 2. A plateia explode em aplausos, levantando-se das poltronas. Todos nós estamos rindo. É incrível. A energia é absurda.

De repente eu grito: "Eu não esqueci, cadê o dinheiro?"

No fundo do auditório, Blake se levanta, segurando a nota e o rolo. "O DINHEIRO ESTÁ AQUI." Todos riem ainda mais.

QUATRO

O PODER DA PERSUASÃO — GRANDES MENTES PENSAM O MESMO

Tóquio, 2011

Estou num grande *talk show* no Japão, e o palco está cheio de jornais. Dezenas e dezenas de jornais japoneses, mais de quatrocentos, empilhados em enormes colunas. O Professor Ootsuki é um renomado professor no Japão e é cético. Um grande cético. Farei com que ele mude de ideia, prevendo qual palavra a apresentadora, Takeshi Kitano, escolherá entre todos os jornais. Assim espero. Mencionei que todos os jornais estão escritos em japonês? Eu não falo japonês.

O professor observa atentamente enquanto olho para a montanha de jornais, e quando olho depois para a apresentadora, investigando o seu rosto. Ele não sorri, mas está curioso. Consigo perceber. Escrevo uma palavra num papel branco bem grande, de modo que somente eu veja. Estou escrevendo símbolos japoneses. Não tenho ideia do significado da palavra nem da sua pronúncia, apenas que é a palavra a ser escolhida. Depois dobro o papel e o coloco dentro de um envelope. Então entrego o envelope ao professor, que assina o próprio nome nele e o segura.

Após os preparativos e a minha previsão, só me resta um trabalho, que é influenciar a apresentadora a escolher essa palavra entre todas as dezenas de milhares de palavras espalhadas pelo chão na frente dela. Explico que ela tem uma série de escolhas a fazer. Primeiro, ela precisa escolher o jornal. Ela demora um pouco nessa fase, finalmente pegando um, puxando-o do fundo da pilha. Depois, ela deve escolher a página da esquerda ou da direita do seu jornal. Ela escolhe rapidamente a direita. Aí é chegada a hora de escolher a palavra. Depois de escolher, ela sorri e logo escreve a palavra num quadro branco grande para que todos, incluindo o professor e eu, possam ver. Ela escreve ホテル [hoteru].

Com floreios e rufar de tambores, o professor abre o envelope, assinado por ele e ainda nas suas mãos. Ele retira o papel onde previ a palavra, desdobra-o com cuidado e levanta-o para que todos o vejam. É exatamente a mesma palavra: ホテル. A apresentadora e a plateia enlouquecem. Eles me dizem que significa "hotel". Previ que a apresentadora escolheria essa palavra específica entre todas as palavras disponíveis, e assim ela fez. O professor apenas permanece sentado, assentindo com a cabeça. Ele está muito, muito chocado. E talvez tenha deixado de ser cético. Fiquei tão animado com essa rotina que fiz outra vez ao vivo no *The Tonight Show with Jay Leno*. E Kim Kardashian. Mas com uma diferença interessante que vou contar mais tarde...

CONFIRA ESTA FAÇANHA INCRÍVEL EM CLM6.VOZES.COM.BR

Lembre-se de que chamo esse tipo de previsão de "previsão aberta", já que estou prevendo algo que ainda não aconteceu. Como funciona? Não estou lendo o futuro, porque não consigo fazer isso. Ao contrário, estou influenciando o futuro. Faço com que o futuro satisfaça as minhas vontades, persuadindo a apresentadora a escolher a palavra que previ. Legal, não acha? Mas não é só isso. É possível persuadir mais de uma pessoa ao mesmo tempo.

Imagine que você está na plateia numa das minhas apresentações. Eu me aproximo do seu setor e peço a você e às pessoas próximas para pensarem em um número. O seu número é quarenta e quatro. O número de todos é quarenta e quatro. E, é claro, sei que todos vocês estão pensando no número quarenta e quatro. Faço a vocês uma pergunta geral: Estou lendo a sua mente ou influenciando vocês a pensarem em certo número? Primeiro, a maioria das pessoas acha que estou lendo mentes. Mas percebo que elas não têm certeza. Elas não pararam para pensar na possibilidade de que eu possa persuadi-las. É uma questão interessante. Peço a todos para mais uma vez pensar em um número. E adivinhe? Todos pensam no número trinta e sete. Até você. Como pode? Como é que todos podem ter pensado exatamente no mesmo número? Você está bem espantado no meio da plateia. Agora o que você acha? Estou lendo a sua mente ou persuadindo você a pensar em um número? Isso faz as pessoas pensarem – e falarem – sobre o poder da mente.

Sempre que me dirijo a alguém e falo: "Pense em um número de um a cem", estou sendo persuasivo. Nas minhas apresentações, primeiro escrevo um número em um quadro e depois peço para a pessoa pensar em um número. Quando ela diz o número em voz alta, mostro o quadro com aquele número escrito. A pessoa sempre se espanta. Costumam me dizer que tinham pensado em vários números diferentes antes de se decidirem pelo número final, ou eu lhes digo que fizeram isso. Muita gente primeiro pensa em um número que tenha sete e depois decide mudar. Ou pensa em um número que considera fácil demais de adivinhar e depois o muda. Mas a verdade é que eu os influencio a pensar em certo número. Eu interrompo o seu processo mental e digo o que devem falar. É o poder da persuasão.

Sei o que você está pensando: "Ah, que legal! Mas como? Como você faz isso?" Bem, parte da minha resposta é que até hoje não conheço todas as razões. É algo que levei anos desenvolvendo e vem naturalmente até mim, então é difícil desmontar tudo e analisar passo a passo. Porém, estudei, li e pratiquei tudo o que era possível sobre a psicologia da persuasão e desenvolvi alguns métodos assim.

Uma área que particularmente me interessa é a Programação Neurolinguística (PNL), que é uma parte muito importante do que faço. Ela explora a relação entre a forma como pensamos e como nos comunicamos, tanto de modo verbal quanto não verbal. Por exemplo, se eu levantar a minha mão, como se fosse dar um soco em você, você automaticamente protegerá o rosto. Tudo o que fazemos na vida provoca outra coisa. Tudo o que fazemos causa uma reação em outra pessoa. Do mesmo modo – embora mais difícil de explicar –, posso fazer algo com as minhas palavras, a minha voz, a minha linguagem corporal, o meu tom, para persuadir você a fazer alguma coisa, fazer isso e não aquilo, fazer aquilo e não isso. Trabalho num nível bastante subliminar ao ler e direcionar outras pessoas. Ocorre uma troca, em parte são as informações que obtenho de você através da sua linguagem corporal, as suas palavras, as suas expressões, mas também são as informações que eu implanto. A minha linguagem e expressões corporais, as minhas palavras, o meu tom de voz. É o lado psicológico da persuasão. De certo modo, os seres humanos são facilmente persuadidos – basta observar como somos enganados. Somos enganados e ludibriados pelas pessoas o tempo todo, por todos, desde vendedores até psicopatas. No meu caso, tenho a vantagem adicional do poder e foco da minha mente. Quando combino os dois, é perigoso. As pessoas não têm chance. Elas serão persuadidas a se divertirem na minha apresentação!

Quantos noves existem entre um e cem? Conte-os: nove, dezenove, vinte e nove... Até cem.

Quantos? Vire a página e confira a resposta.

Resposta: vinte. Surpreso? Eu sei que persuadi você a ver o problema de certo modo. Mas e noventa, noventa e um, noventa e dois, noventa e três, noventa e quatro, noventa e cinco, noventa e seis, noventa e sete e noventa e oito?

A persuasão não é legal?

Agora vou mostrar uma imagem.

O que você viu? Uma velha ou uma jovem? Importa se você tiver visto uma e não a outra? Provavelmente não. Eu poderia ter persuadido o seu cérebro a ver uma e não a outra? Absolutamente.

Agora desembaralhe estas frases e leia-as:

1) animais alguns de cenouras gostam comer
2) audição longas melhor orelhas
3) rápido saltar divertido é
4) vivem toca coelhos numa profunda

Olhe para esta ilusão. Que animal você vê?

Você deve ter visto um coelho, já que o seu cérebro tinha sido preparado para pensar em coelhos ao desembaralhar as frases acima. Esse caso em especial não é tão sutil, mas é um bom exemplo de como podem fazer você pensar em algo ou desejar algo pelo poder da sugestão. Influência. Persuasão. São conhecimentos incrivelmente importantes para um mentalista.

A psicologia da persuasão: Fazendo mentes pensarem – e agirem – igualmente

Agora você deve estar se perguntando se posso lhe ensinar a persuadir alguém a escolher certo número entre um e cem. Provavelmente não. Mas posso mostrar alguns dos elementos básicos da persuasão que uso nas minhas apresentações e no meu cotidiano, proporcionando uma maior compreensão deles – e quem sabe persuadir você a experimentá-los?

Um dos elementos mais importantes da persuasão é criar uma conexão emocional com outra pessoa. Se criarmos essa empatia, a pessoa estará mais disposta a nos notar, ouvir – e ser persuadida por nós.

Quando me apresento a um público ao vivo, seja num grande teatro, num programa de televisão ou numa festa particular, desejo que a plateia goste de mim e se conecte comigo em âmbito emocional. Assim que isso acontece, a apresentação transcorre muito melhor. O público ficará mais aberto a mim e estará mais propenso a ser persuadido. Posso até errar e ainda assim vão me achar legal.

Tento estabelecer a conexão emocional assim que a plateia me vê. Só há essa única chance para causar uma primeira impressão, então me esforço para impressionar o público exatamente com aquilo que desejo que todos vejam. Sempre entro no palco correndo, de braços abertos e para a frente, com um sorriso largo e quase caricato no rosto. Assim, consigo uma resposta do público. Eles se sentem energizados pelo meu entusiasmo, inclinam-se para a frente animados em resposta ao "abraço" que dei neles. E eles sorriem. O sorriso é contagiante. Nos momentos em que os aplausos de boas-vindas estão esfriando, eu conto uma piada.

"Antes de começarmos, preciso fazer uma pergunta." Observe que digo "começarmos", não "começar". Transformo todos em amigos, cúmplices – estamos juntos desde o início. Depois escolho alguém na plateia, alguém de rosto aberto e simpático. "Você! Lá! Diga o seu nome." O cara simpático responde: "John". "Você acertou!" Todos riem. E, se o sorriso é contagiante, a gargalhada é mais ainda. A conexão emocional foi criada.

Agora vou experimentar um pouco de humor com você para construir a nossa conexão pessoal e fazer você gostar mais de mim. Consegue ler estas palavras? Não se preocupe se não conseguir no princípio, provavelmente será preciso afastar o livro.

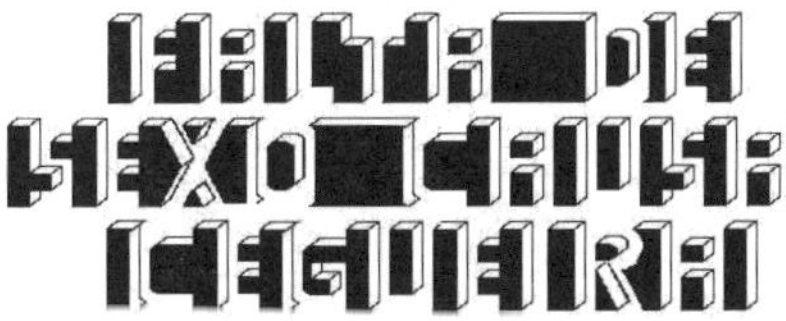

Agora você gosta mais de mim?

Já ouviu falar em espelhamento? É muito interessante. Imagine-se num bar esperando um amigo. Você pediu uma bebida, deu uma olhada no cardápio três vezes, atualizou o seu *status* no Facebook e o seu amigo ainda não chegou. Entediado, você começa a observar as pessoas ao seu redor. Os seus olhos são atraídos pelo casal na mesa em frente. Nada especial com eles, mas algo chama a sua atenção. É o jeito como estão inclinados um em direção ao outro, os braços esticados na mesa de modo que as pontas dos dedos estão quase juntas. Quando ela ri, ele ri também e, quando riem juntos, os dois inclinam um pouco a cabeça para trás. Ela começa a contar uma história, a voz rápida e animada, as palavras se perdendo no ruído do bar. Agora ele está falando no mesmo ritmo rápido, agora ela interrompe e a conversa vai e volta. Eles estão tão afinados, tão conectados emocionalmente, você pensa. Aí uma coisa engraçada acontece. A mulher de repente encosta na cadeira. Dois segundos depois, o rapaz faz o mesmo. Cinco segundos depois, a mulher se inclina para a frente e é quase imediatamente acompanhada pelo rapaz. É como se ele estivesse imitando a moça. Você olha para a mulher, mas ela parece não se importar, não perceber. E, quanto mais você olha, nota que às vezes a mulher segue os gestos do homem, às vezes o homem segue os gestos da mulher. É completamente subconsciente.

O casal no bar está inconscientemente se espelhando – seus gestos, expressões, escolha de palavras, até a respiração. Fazem isso porque se sentem muito seguros, muito próximos. Estão apaixonados. A sua conexão emocional é profunda. Se esse for o caso – e esse tipo de espelhamento ocorre com todos os tipos de pessoas que se conhecem bem –, a pergunta é: Se o sentimento de conexão com outra pessoa gera espelhamento, o espelhamento, por sua vez, gera uma conexão íntima entre as pessoas? Richard Bandler, um dos desenvolvedores da Programação Neurolinguística, decidiu testar essa teoria e provou que sim. Ao espelhar os movimentos corporais ou expressões faciais de alguém, as pessoas podem gerar um sentimento de conexão na outra pessoa. Quando dou aquele enorme sorriso no palco, sei que as pessoas na plateia vão retribuir com um sorriso e, por minha vez, sorrirei para eles. Esse circuito cria conexão. O mesmo acontece com a gargalhada.

Num estudo da Universidade Duke, os psicólogos Robin Tanner e Tanya Chartrand deram a trinta e sete alunos uma suposta nova bebida esportiva, Vigor. Depois, os alunos responderam algumas perguntas. Até aí, nada demais. Porém, os movimentos de cerca de metade dos alunos foram espelhados pelo entrevistador. Se o aluno cruzasse as pernas, alguns segundos depois o entrevistador também cruzava. Se o aluno colocasse a mão no nariz, mexesse no cabelo, se inclinasse para a frente na cadeira, o entrevistador esperava alguns instantes e depois imitava o gesto.

Nenhum aluno notou o espelhamento e todos os alunos – espelhados ou não – foram entrevistados de maneira idêntica. E adivinhe? No fim da entrevista os alunos espelhados estavam muito mais dispostos do que os não espelhados a dizer que comprariam a bebida Vigor e achar que seria um produto de sucesso. E os alunos espelhados foram até mais positivos sobre a bebida quando informados de que o entrevistador pessoalmente apostava no sucesso do produto. Não é interessante? O espelhamento havia gerado uma conexão emocional. Mas a parte importante é que ninguém percebeu. É um processo bem sutil.

Por que o espelhamento funciona? É bastante simples. Nós ficamos à vontade com pessoas que são como nós de várias formas – talvez tenhamos a mesma idade, sejamos do mesmo país ou estado ou sejamos fanáticos pelo mesmo time de beisebol (ou detestemos o mesmo time). Gostamos de pessoas que nos entendem. Faz sentido, então, ficarmos à vontade com alguém que tenha linguagem corporal parecida ou use os mesmos tipos de expressões verbais, ainda que de modo subconsciente.

Pense na conexão emocional como uma forma de se comunicar melhor com as pessoas, e no espelhamento como uma das formas de conseguir isso. Contudo, sutileza é essencial! Se você estiver numa entrevista de emprego ou num encontro, provavelmente não será uma boa ideia começar a imitar todos os gestos um segundo depois que a pessoa gesticular. A ideia é ser um espelho vagaroso e levemente imperfeito. Se você seguir os gestos muito literalmente, a pessoa perceberá. E aí será o fim de quaisquer sentimentos de boa vontade. Isso seria assustador e estragaria a sua oportunidade de trabalho ou de um segundo encontro.

Se a outra pessoa coçar o nariz, não precisa esfregar violentamente o seu nariz. Ao contrário, apenas adote uma postura similar à da pessoa. Ela está sentada ou de pé, inclinada para a esquerda ou direita? Você pode fazer o mesmo. A cabeça dela está inclinada para a frente? E as mãos, onde estão? Os braços estão cruzados? Esteja aberto para o tom de voz, a expressão facial e copie-os sutilmente: ria quando ela rir, mas com naturalidade. Ouça as palavras que ela usa e use as mesmas palavras. Ela usa a palavra "legal" ou "incrível"? Você também pode usar, e a conexão aumentará. As pessoas reagem melhor quando ouvem a própria "língua". Observe coisas como velocidade, volume e tom do discurso, e adéque o seu discurso. A pessoa vai relaxar e a conversa fluirá melhor. Por fim a empatia será tão grande que o espelhamento acontecerá naturalmente.

A conexão emocional com o público é muito mais difícil do que com uma pessoa e é extremamente importante para o meu tipo particular de entretenimento. É um elemento forte da minha apresentação e aumenta o meu poder de persuasão, o meu poder de ler mentes e o meu poder de usar a minha energia *chi*. Sempre que me comunico com o público, um tipo de jogo acontece, uma dança. Estou transmitindo diretivas subliminares para controlar as suas respostas, mas também estou lendo os seus sinais não verbais. É claro que também estou lendo mentes específicas. Há um volume enorme de informações sendo comunicadas para lá e para cá. Quando interajo com um membro da plateia, é como se eu estivesse criando um mapa da mente da pessoa com base em tudo o que consigo ler sobre ela, tanto dentro quanto fora da sua mente, e isso parece se propagar ao redor à medida que ela interage com outros membros da plateia e comigo. É como uma teia.

Um dos meus números favoritos de persuasão é aquele em que essas teias de conexão emocional se emaranham por toda a plateia. É muito bom. É assim:

Paris, 2008
400 PESSOAS

"Preciso de alguém em quem eu possa confiar", eu falo, balançando um grande envelope marrom. "Para guardar isto." Estou no meio do público, na metade da apresentação. "Você", digo, apontando para uma mulher com um sorriso simpático algumas fileiras atrás. "Você pode guardar para mim?" Ela diz que sim e ri, parecendo um pouco envergonhada. Passo o envelope para ela.

"Qual é o seu nome?"

"Lindsey."

"Tudo bem, Lindsey, este envelope tem algo dentro que escrevi antes, e a sua tarefa é guardar o envelope." Levanto o envelope para que todos possam ver que ele tem um milhão de grampos em volta e, seja lá o que esteja dentro, não sairá de modo fácil nem oculto.

Trad.: Não abra até o final!

Devolvo-o a Lindsey, depois me aproximo de um homem na fileira atrás dela e digo: "Você pode me dizer o nome de uma mulher que eu não conheça?" O homem pensa um pouco. "Mas tome cuidado", reforço. "Conheço muitas mulheres." Todos riem.

O homem sorri e diz: "Emma." Escrevo o nome EMMA num cartaz grande para que todos vejam. Agora ando pela plateia e escolho outra pessoa. "Você pode me dizer o nome de um país que nunca tenha visitado?" O país ALEMANHA é escrito no cartaz, e passo o microfone para outra pessoa num setor diferente da plateia. Essa pessoa deve dizer o nome de uma celebridade que aprecie. Agora GEORGE CLOONEY é escrito no cartaz. Todos estão inclinados para a frente. Estão animados. Não sabem o que esperar. Estão todos trabalhando juntos como uma plateia para criar uma narrativa. "Eu sabia que você diria George", eu digo. "Tenho uma foto dele no bolso." Todos se espantam. Ouço vozes diferentes: "Não! Você tem a foto dele? Uau!" Mostro uma foto de um bebê careca. "Este é George quando tinha dois anos." Todos riem. Seguimos.

Outra pessoa está com o microfone agora. "Que tipo de carro você escolheria?"

"Um Buick."

"Um Buick??? Tem certeza? Não um Porsche? Por que ele escolheria um Buick e não um Porsche?", pergunto ao público. Todos riem. Um BUICK é incluído na lista. A próxima pessoa deve imaginar quanto ganharia num cassino, $ 10.010. Muito esperta... O microfone passa mais uma vez. Digo para a próxima pessoa: "Imagine que está saindo de férias. Por quanto tempo?" Incluo a resposta no cartaz. Agora temos uma lista de EMMA, ALEMANHA, GEORGE CLOONEY, BUICK, $ 10.010, DEZ DIAS. Todos me olham ansiosos. Toda a plateia está envolvida porque pedi para se unirem e criarem uma narrativa. São parte da cena e estão interessados.

Agora olho para Lindsey. "Você ainda tem o envelope?", pergunto. Ela assente com a cabeça, rindo, levantando o envelope para todos verem. "Você pode vir aqui e abri-lo?" Ela atravessa a plateia e se aproxima de mim, que estou com o microfone e o cartaz. Ela abre o envelope ao redor dos grampos e retira um papel. Ela me olha ansiosa. "Pode ler", digo.

Ela começa a ler. É uma carta. "Oi, pessoal! Estou muito feliz por escrever estar carta. Ainda estou viajando e agora estou na Alemanha. Ontem fui a uma grande festa e foi divertido. Vocês não vão acreditar, mas conheci o George Clooney." Ela para de ler. As pessoas na plateia se olham, murmurando. Estão começando a ficar impressionadas. "Ele foi tão legal que até me deu uma carona no seu velho Buick." Agora a agitação na plateia é absurda. É contagiante. Preciso erguer a mão para acalmar as pessoas. "Estou me divertindo muito, especialmente no cassino onde ganhei $ 10.000 no blackjack."

"Só $ 10.000?", digo, apontando para o cartaz onde está escrito $ 10.010. Dou de ombros. Nada mal.

"Chegou perto", Lindsey fala educadamente e depois continua a ler. "Também ganhei $ 10 nos caça-níqueis." Agora todos estão rindo, surpresos. "Não é possível! Não é possível!", grita uma voz próxima. Lindsey precisa esperar um pouco antes de continuar. "Devo voltar dentro de oito dias." Ouço um sussurro de decepção na plateia por não serem dez dias. "Tudo bem, vamos em frente", eu comento.

Lindsey volta a ler: "Mas me disseram que o voo terá dois dias de atraso". Agora todos gargalham e gritam, extasiados. "Lembranças a todos e especialmente a Lindsey, que está lendo neste exato momento. Emma." Lindsey segura o microfone totalmente chocada, de boca aberta. As pessoas saltam, aplaudindo e rindo. Estão todas impressionadas. Não conseguem acreditar no que acabou de acontecer. Vejo pessoas perguntando: "Como ele fez isso?" E reveem todo o processo em sua mente. É uma previsão aberta em ação em larga escala. Persuasão. É uma loucura.

PARA VER OUTRO NÚMERO DE PERSUASÃO QUE VAI IMPRESSIONAR VOCÊ, ACESSE CLM7.VOZES.COM.BR PROMETO QUE SERÁ IMPRESSIONANTE!

Linguagem corporal: o corpo fala

Adoro o segmento de leitura de cartas nas apresentações porque envolve muita gente diferente na plateia. Isso também desperta a minha atenção para outro aspecto relevante do meu trabalho como mentalista: a importância da linguagem corporal. Eu a uso como ferramenta para persuadir e ler o meu público o tempo todo. Durante as minhas apresentações, em geral chamo pessoas da plateia para me ajudar. Jamais escolho aleatoriamente. Escolho aqueles que acho que funcionarão melhor para certo segmento do espetáculo. Tudo faz parte do processo de ser capaz de influenciar alguém.

O que quero dizer? Como falei, quando me apresento, a minha conexão com o público é extremamente importante. Muitas vezes eu vou ao saguão do teatro antes de uma apresentação e estudo as pessoas que estão na fila para comprar os ingressos ou esperando. Eu as observo com atenção e penso nas minhas vítimas... Perdão, nos meus voluntários, para as experiências que apresentarei. Gosto de ter uma ideia do meu público, ler a sua linguagem corporal, emoções, e entender que tipo de reação as pessoas podem ter ao que eu apresentar. Alguns ficam nervosos quando me conhecem, permanecem na defensiva e se fecham como se temessem que eu lesse todos os seus pensamentos. É por isso que uso o humor nas minhas apresentações.

Descobri bem cedo na minha carreira que as minhas habilidades mentais podem causar desconforto a algumas pessoas. Elas não sabem o que esperar, sentindo-se vulneráveis e em desvantagem perto de mim. Então eu conto piadas. Eu rio. Deixo as pessoas à vontade. A maioria fica receptiva após uma rápida introdução, mas outros permanecem fechados e inseguros. Não querem que eu leia a sua mente. Não escolho alguém assim quando me apresento: é difícil ler a mente de alguém que de fato não o deseje. Às vezes me escondo e observo o público entrar no auditório. Mais uma vez leio os seus movimentos. Estão animados, nervosos, entediados, céticos?

Até mesmo enquanto a apresentação acontece, observo o público em busca das reações das pessoas, imaginando que podem ser boas para certa parte do espetáculo. Às vezes falo com alguém na plateia – "Tudo bem?" – somente para ver a reação da pessoa que está sentada ao lado. É incrível o volume de informações reveladas através da nossa linguagem corporal e eu processo isso o tempo inteiro.

Pesquisadores mostraram que, ao observar os movimentos do corpo reduzidos a pontos de luz numa tela, os observadores ainda conseguem ler tristeza, raiva, alegria, repulsa, medo e surpresa. Uma equipe de pesquisa liderada pelo Dr. Winand Dittrich, da Universidade de Hertfordshire, Inglaterra, trabalhou com dançarinos treinados para investigar a facilidade de interpretar as emoções somente pela leitura da linguagem corporal. Os participantes da pesquisa assistiram a videoclipes curtos de dois dançarinos, um homem e uma mulher, e tentaram entender as emoções transmitidas pelos movimentos dos dançarinos. Alguns participantes assistiram a cenas totalmente iluminadas do dançarino, ao passo que outros assistiam enquanto o dançarino se movia no escuro com treze pontos de luz presos ao corpo. Nas cenas iluminadas, 88% dos participantes acertaram ao adivinhar as emoções exibidas. Já nas cenas com pontos de luz, 63% acertaram, o que fica muito acima do esperado. Alguns anos depois, a experiência foi repetida usando apenas seis pontos de luz presos aos ombros, pulsos e tornozelos do dançarino. Espantosamente, os participantes foram precisos em 62% das suas interpretações sobre as emoções. Somos constituídos para ler a emoção e o significado no movimento corporal até quando há muito pouco a ser visto.

Um dos carros-chefes da minha apresentação – e especialmente quando sou convidado para *talk shows* – é adivinhar o nome do primeiro namorado de alguém. Faço isso parcialmente lendo a mente de modo direto e parcialmente lendo o corpo. Faço perguntas específicas que ocasionam uma reação verbal, mas também deflagram uma cadeia de expressões faciais que podem me dar sinais. Se pergunto quantas letras o nome tem, consigo literalmente ver a pessoa contando as letras, observando o seu rosto. Alguns até contam nos dedos sem perceber. Então estreito as minhas opções assim e deixo que isso guie a verdadeira leitura da mente.

Todos nós já ouvimos falar em movimentos dos olhos e a forma pela qual as pessoas olham para certa direção quando mentem. É verdade. Os olhos são janelas não apenas da alma, mas também da mente. A maioria de nós, ao falar com alguém, se concentra nos olhos. É o ponto mais fácil de se olhar no rosto de alguém. Mas não olhamos de modo que realmente nos permita enxergar. Não pensamos sobre isso de verdade. Mais uma vez estamos funcionando no piloto automático. Na próxima vez em que conversar com alguém, tente observar o modo como os olhos se movem, só de brincadeira, somente para ver como esses movimentos se encaixam na conversa. Você pode se espantar.

Agora quero que você aprenda algo incrível. São poucas as pessoas que conhecem os Sinais de Acesso Visual. Eles são discutidos por Richard Blander e John Grinder no livro *Frogs into Princes: Neuro Linguistic Programming.* Veja o que eles constataram nas suas experiências.

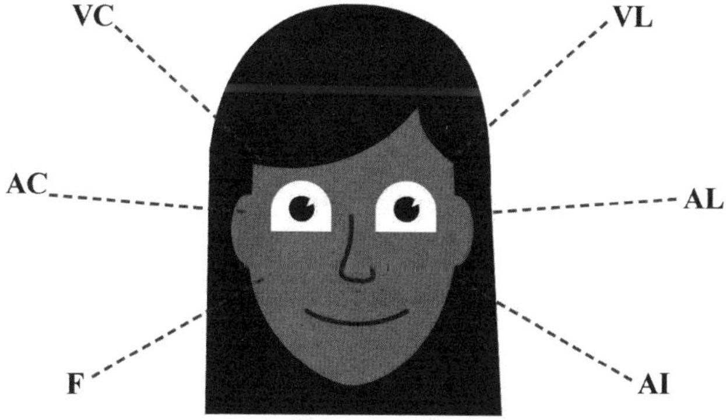

Faça uma pergunta e veja para que lado a pessoa olha. Essas direções são para destros e partem do seu ponto de vista. Então, se a pessoa olhar:

PARA CIMA E PARA A ESQUERDA

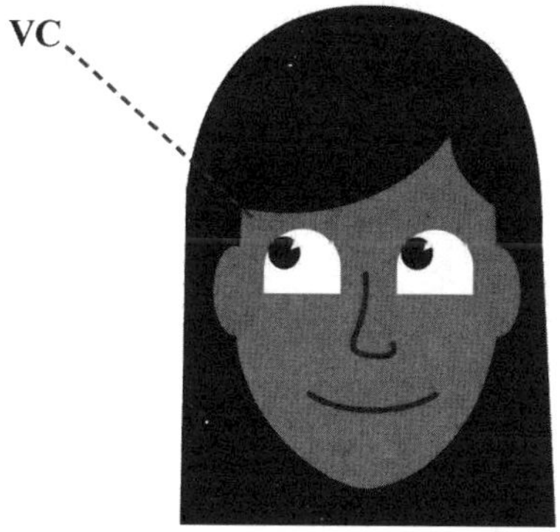

Imagens Visualmente Construídas (VC). Quando você pede para alguém imaginar algo, os olhos se movem para cima e para a esquerda de modo que consigam "construir visualmente" na mente. Imagine uma girafa com três pernas – os olhos se movem para cima e para a esquerda.

PARA CIMA E PARA A DIREITA

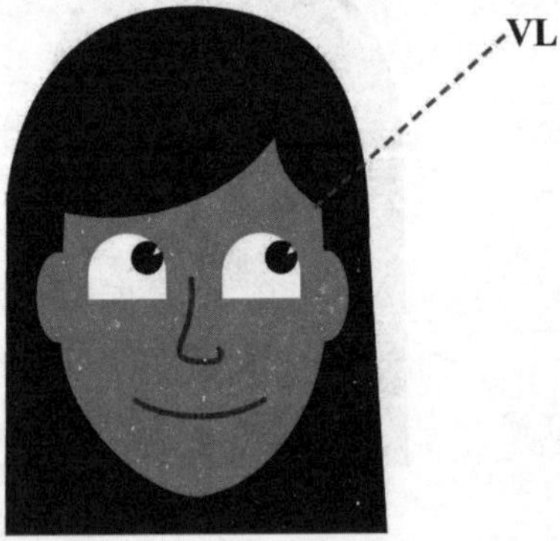

Imagens Visualmente Lembradas (VL). Quando você pede para alguém contar sobre uma experiência que tenha vivido, os olhos se movem para cima e para a direita enquanto "lembram visualmente". O que você almoçou? Olhos para cima e para a direita. Pense. Canja.

PARA A ESQUERDA

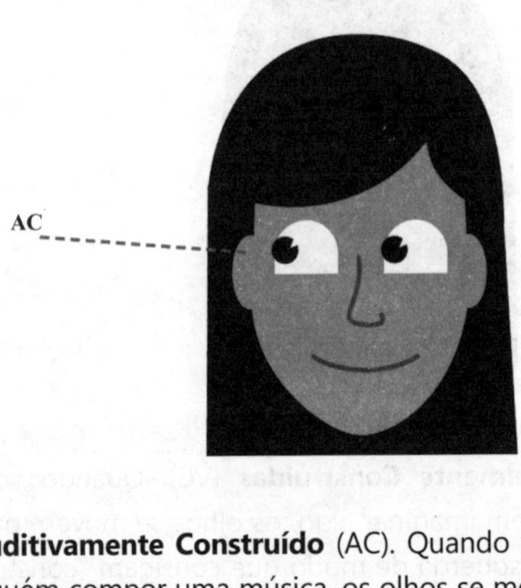

Auditivamente Construído (AC). Quando você pede para alguém compor uma música, os olhos se movem para a esquerda enquanto fazem uma pequena "construção auditiva" na mente. Crie uma nova sinfonia – olhos para a esquerda.

PARA A DIREITA

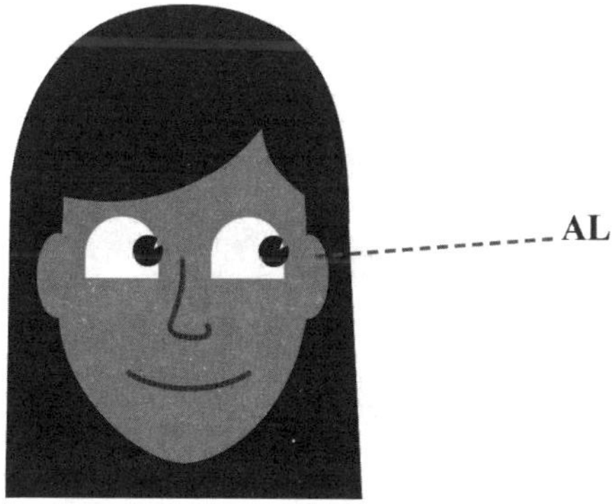

Auditivamente Lembrado (AL). Quando você pede para alguém cantar uma canção conhecida, os olhos se movem para a direita, já que estão "lembrando auditivamente". Cante uma música da Lady Gaga – olhos para a direita. "*Poker Face*".

PARA BAIXO E PARA A ESQUERDA

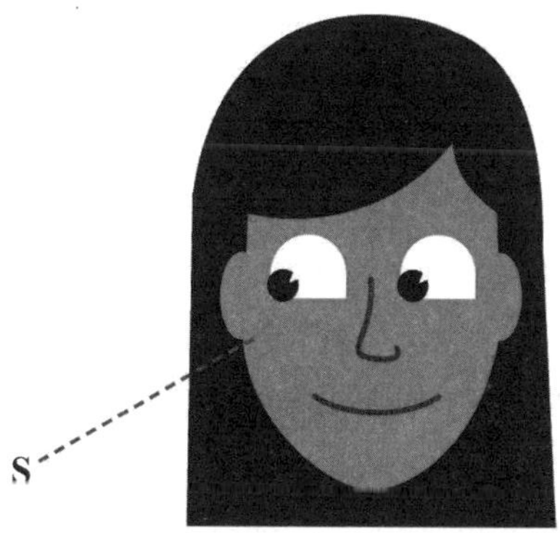

Sentimento (S). Quando você pede para alguém se lembrar de um odor, gosto ou sentimento, os olhos descem para a esquerda. O que achou do sabor da canja do almoço? Olhos para baixo e para a esquerda.

PARA BAIXO E PARA A DIREITA

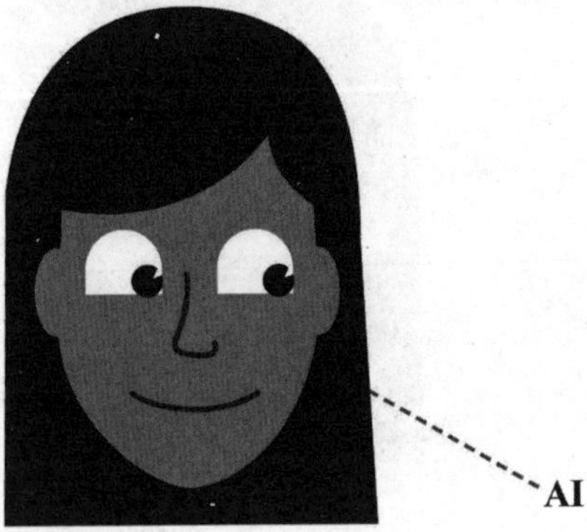

Diálogo Interno (Auditivo Interno) (AI). Quando alguém conversa consigo mesmo, os olhos estarão para baixo e para a direita.

Em termos básicos, quando você faz uma pergunta, se a pessoa estiver falando a verdade, os olhos devem se mover para cima e para a direita (de frente para ela) enquanto se lembram de algo que aconteceu. O movimento para cima e para a esquerda significaria uma imagem "construída" ou imaginada – uma mentira. Pode ser muito interessante simplesmente observar os movimentos dos olhos das pessoas, porque em geral não prestamos nenhuma atenção a eles. Quanto mais você observa, mais consegue ler. Mas lembre-se: não existe uma precisão matemática, então não seja literal demais. Esses sinais são sutis e devem ser levados em conta com outras informações. Não pense que, se a sua esposa olhar para certa direção, é porque está traindo você. É apenas um ingrediente numa receita inteira.

Quando levadas em consideração com outros elementos da linguagem corporal, são todas informações vitais para mim, como mentalista. É um outro jeito de me conectar com a mente de outra pessoa.

Joanesburgo, 2010
1.500 PESSOAS

Convidei um homem para o palco e lhe dei uma nota de $ 100. É um bom valor. Pedi para ele escondê-la em uma das mãos e, se eu não adivinhar qual é a mão, ele ficará com o dinheiro. É claro que eu adivinho. Simples leitura da linguagem corporal. Nada demais. Depois convido mais duas pessoas e peço para esconderem a nota. São quatro mãos. Ainda é fácil. Então chamo mais dez ou quinze pessoas para o palco e digo: "Tenho $ 100. Escolham em quinze segundos apenas um de vocês para guardar a nota." Música e iluminação entram em cena enquanto eles vão para o outro lado do palco e decidem quem guardará o dinheiro. Após uns quinze segundos, eles voltam e eu peço que todos formem uma fila com as duas mãos para a frente, punhos firmemente cerrados. Então lhes digo que, se eu não adivinhar quem está segurando a nota, cada um vai ganhar $ 100. Vira um desafio. Isso desperta um burburinho no palco e na plateia, e percebo que todos no palco levam o jogo um pouco mais a sério, mudando de posição e postura.

É um ótimo momento na apresentação, com iluminação, música e esse grupo de pessoas ansiosas ali com as mãos expostas. Acho graça de ver as pessoas que não estão com o dinheiro se esforçando para parecer que estão, como se estivessem tentando esconder algo, e a pessoa com o dinheiro tentando parecer muito tranquila, como se fosse a pessoa mais calma do mundo. Estão todos brincando com a linguagem corporal.

Então uso as minhas habilidades para perceber tudo. As pessoas me perguntam o quanto uso as minhas habilidades e o quanto se trata de psicologia. Muda todas as vezes. Depende das pessoas no palco, das pessoas na plateia, até do país. A parte psicológica inclui a leitura da linguagem corporal das pessoas – posição do corpo, expressão facial e movimentos dos olhos. Às vezes explico ao público a linguagem corporal das pessoas, o que torna tudo mais engraçado. Como agora. Apenas uma pessoa está segurando o dinheiro na mão esticada à sua frente. Vou para trás dele e pergunto: "Tudo bem?" Ele responde: "Sim", mas está afastando todo o corpo de mim. Viro para a plateia: "Estão vendo, ele está protegendo a mão".

O ponto da linguagem corporal é lembrar-se de lê-la. Os sinais estão bem à nossa frente. Todos na plateia começam a rir, porque olham e veem que é verdade. O cara está afastando o braço de mim, atrás do corpo. Então eu digo: "Esta é a mão com o dinheiro". Ele nega, balançando a cabeça, mas todo o resto da sua linguagem corporal está gritando para mim que ele está com o dinheiro. E, como era de se esperar, o cara abre a mão e lá está a nota de $ 100 dobrada. A leitura da linguagem corporal sempre me ajudou a economizar muito dinheiro! Para ser honesto, durante toda a minha carreira, perdi cerca de $ 500. Mas ainda assim foi divertido, então nem me importei.

O método que uso para essa rotina se baseia 90% na leitura dos olhos das pessoas, o mesmo método que acabei de ensinar, que você pode usar sempre que desejar.

ESTA APRESENTAÇÃO É MUITO DIVERTIDA. VEJA VOCÊ MESMO EM CLM8.VOZES.COM.BR

Palavras em ação

Falar é algo que fazemos todos os dias, o tempo todo, e não pensamos a respeito desse ato. Participamos da maioria das conversas no piloto automático, as palavras simplesmente saem da boca. Mas precisamos entender o poder da linguagem e de certas palavras, e pensar ativamente sobre o que falamos. Podemos usar o poder da mente – e o nosso conhecimento sobre a mente das pessoas – para sermos persuasivos ao máximo quando falamos.

Voltaire, escritor e filósofo francês do século XVIII, estava certo quando dizia: "Me dê dez minutos para falar e desviar a atenção do meu rosto feio e eu levarei para a cama a Rainha da França". Ele sabia que as palavras podem ser incrivelmente poderosas e persuasivas para conquistar o que (ou quem) você quiser, muito mais do que ter um rosto bonito. Existe um livro que adoro sobre a arte da sedução, *The Game*, de Neil Strauss, que também fala sobre a importância das palavras e os efeitos impressionantes que elas podem surtir nas pessoas quando usadas corretamente.

Então eu gostaria de ensinar algumas dicas secretas sobre a linguagem da persuasão.

Algumas palavras geram fortes impressões básicas na mente quando ouvidas. Sabe aquele ditado que você ouvia quando era criança? "Paus e pedras podem quebrar ossos, mas palavras jamais podem ferir." Não acredite. Palavras podem nos atingir com muita força. Elas podem ferir e machucar, mas também podem ser positivas – e muito persuasivas. Mark Twain certa vez disse que a diferença entre a palavra certa e a palavra quase certa é "a diferença entre o relâmpago e o vaga-lume".

A primeira palavra poderosa a saber é "porque". Essa palavra representa uma enorme influência em nós. Lembre-se da infância, quando os seus pais pediam para você fazer (ou não fazer) algo. "Lior, não desmonte o televisor de novo." "Mas, pai, eu só queria ver..." "Lior, eu disse que não." "Mas por que, pai?" E então ouvimos a resposta que todos nós conhecemos bem: "Porque eu disse que não". Ou: "Porque não". Essa palavrinha encerra tantas possibilidades! Quando éramos crianças, significava que não poderíamos mais questionar, já estávamos passando dos limites, que a autoridade paterna havia se pronunciado, que mais discussões resultariam em castigo. E agora, quando ouvimos a palavra "porque", ela ainda tem uma ação poderosa sobre nós.

Na prática, se você fizer um pedido e incluir a palavra "porque" na frase, é mais provável que o seu pedido seja atendido por causa do poder dessa única palavra. O mais fascinante é que muita gente nem ouvirá o motivo que siga o seu "porque", ainda que seja algo louco. Robert Cialdini, autor de um dos meus livros favoritos, *Influence, the Psychology of Persuasion*, escreve:

"Um princípio bem conhecido do comportamento humano diz que, quando pedimos um favor a alguém, teremos mais êxito se dermos um motivo. As pessoas simplesmente gostam de ter motivos para o que fazem". E que maneira melhor de introduzir um motivo do que a palavra "porque"?

Cialdini cita este ótimo exemplo. Ellen Langer, professora de Psicologia da Universidade Harvard, conduziu uma pesquisa na área onde ficava a copiadora da biblioteca. Um pesquisador aparecia e pedia para furar a fila. "Com licença, posso passar na frente?" Como é de se esperar, a maioria respondia que não. Por que deixariam aquela pessoa passar na frente? Ela que espere, como todo mundo. Porém, quando a mesma pessoa pedia para furar a fila e dava um motivo razoável – "porque tenho apenas uma página para copiar" ou "porque estou atrasado para uma consulta" –, muita gente concordava. É interessante. O mais louco é que até mesmo quando o motivo para passar na frente era completamente irracional ("porque tenho que fazer cópias", "porque está chovendo" ou "porque estou com fome"), mais pessoas concordavam do que na situação em que a palavra "porque" não era usada e nenhum motivo era dado. A palavra cria um sentido de lógica ou faz as pessoas regressarem às memórias da infância, e permite que sejamos persuadidos.

Se por acaso você tiver que escrever um discurso persuasivo, use muito a palavra "porque". Ela une ideias num fluxo bom que os ouvintes apreciam, porque os pensamentos ficam conectados, deslizam até o subconsciente do ouvinte e não enfrentam muita resistência. Esperamos que a palavra "porque" torne tudo lógico, então na maior parte do tempo não paramos para perceber se o que está sendo dito é realmente verdade. Os mentalistas são muito persuasivos porque vestem cores brilhantes. Sério? E lembra todas aquelas propagandas que usam a expressão "porque você merece"? Não dá para discordar. Você sabia que as mulheres são o alvo da maioria desses comerciais? Os publicitários sabem muito bem o que estão fazendo.

A segunda palavra importante é "agora". De novo, isso remete à infância, àquele momento em que os pais ficavam impacientes e sabíamos que era hora de agir, ou então... "Lior, pare de perturbar os seus irmãos com os seus jogos mentais AGORA!" Isso funcionava rapidamente e meus irmãos suspiravam aliviados. A palavra "agora" sugere um sentido de urgência e insere um despertador no ouvinte. Você não somente espera que o pedido seja atendido e executado, como também espera que seja executado imediatamente. AGORA. Isso fez você pular. Pense em todos os comerciais de televendas que você já viu e que usam as frases "ligue agora" ou "pegue o telefone agora." São convocações diretas – e funcionam.

Se você for a uma das minhas apresentações, poderá observar quantas vezes uso essas palavras. Eu uso "agora" quando pergunto a alguém que palavra deseja escolher num livro? Ou a palavra "porque" quando peço a alguém para pensar em um número entre um e cem? Não funciona assim. Trabalho em muitos níveis diferentes de persuasão de modo subliminar. Uso essas palavras o tempo todo na minha vida fora do palco com os meus agentes, a minha namorada, as celebridades e clientes em potencial. Sempre que tenho uma reunião pessoal e as uso, consigo fechar negócio. E você também pode conseguir.

A terceira e a quarta palavra da lista de palavras importantes e poderosas vêm juntas: "por favor" e "obrigado". E, sim, elas também remetem à infância. Todos nós nos lembramos dos nossos pais e suas sugestões úteis: "Agora, como é que se diz?" Sabíamos automaticamente como preencher a lacuna com a resposta correta: "por favor" ou "obrigado". Lembra aquela frase? "Quais são as palavras mágicas?" As palavras mágicas sempre foram "por favor" e elas ainda abrem portas. Psicologicamente, "por favor" suaviza ordens e causa a impressão de que a pessoa solicitada tem um grau de controle. Dizer "por favor" causa uma boa sensação nas pessoas e, em retribuição, elas gostam mais de nós e, por gostarem mais de nós, ficam mais dispostas a fazer algo por nós. Quando dizemos "obrigado", mais uma vez fazemos a outra pessoa se sentir positiva em relação a nós, e é mais provável que ela nos ajude em outra ocasião, porque percebe que as suas ações são apreciadas. Nas minhas apresentações sempre agradeço as pessoas que sobem ao palco e me ajudam e peço à plateia para aplaudi-las também. Sou genuinamente grato, mas também sei que isso ajuda as conexões emocionais positivas que estão em ação.

Na psicologia social, a palavra "obrigado" nos insere nos domínios de algo chamado "lei da reciprocidade". Eu gostaria que você realmente se lembrasse de usar essa dica, já que é uma ferramenta de persuasão incrivelmente poderosa e tudo o que envolve é a colocação no momento certo de uma palavra aparentemente inocente. Como humanos, somos condicionados a seguir as leis da reciprocidade. Quando alguém lhe compra um presente ou o convida para jantar, você se sente comprometido a retribuir com um presente ou um convite para jantar. Faz parte do nosso *modus operandi* social. Acontece com pessoas, grupos, até governos. Um artigo de jornal sobre a reciprocidade me impressionou muito. Em 1999, um terrível terremoto atingiu a Turquia, e Israel enviou ajuda apesar das relações tensas entre os dois países. No ano passado – quando as relações estavam ainda piores –, a Turquia enviou a Israel duas aeronaves de combate a incêndios para ajudar a conter uma queimada devastadora, por se sentir em dívida com Israel pela lei da reciprocidade.

Então como você pode se beneficiar dessa regra? Na próxima vez em que você fizer um favor a alguém, pense bem no que vai dizer quando a pessoa agradecer a sua ajuda. Não diga: "Sem problemas" ou "Foi um prazer". Ao contrário, evoque a reciprocidade. Diga: "Eu sei que você faria o mesmo por mim". Agora você implantou secretamente uma mensagem de dívida no cérebro da pessoa – e prepare-se para lucrar com o favor na próxima vez em que precisar persuadir a pessoa a fazer algo por você.

Agora uma outra palavra que consegue ótimos resultados na persuasão: "imagine". John Lennon obviamente sabia o que estava fazendo. O que é sagaz na palavra "imagine" é que você convida a pessoa que está tentando persuadir a visualizar a sua sugestão na mente dela. Assim, fica muito real para ela. Deixa de ser um pedido seu e passa a ser algo que ela imaginou. Com o tempo, o subconsciente da pessoa pode até achar que ela mesma criou o pensamento. Você não apenas persuadiu alguém a considerar o seu pedido, como também conseguiu fazer parecer que nem fez o pedido! É genial. Também é a premissa do incrível filme *A origem*, com a diferença de que eles plantam o pensamento nas camadas de um sonho. Como parte da minha apresentação, uso a palavra "imagine" para fazer as pessoas pensarem no nome de um astro de cinema ou num país que nunca visitaram. Às vezes acrescento: "E se você não tem uma boa imaginação, simplesmente imagine que tem".

Os publicitários usam o poder de "imagine" o tempo todo. "Imagine-se na areia branca da Flórida." "Imagine-se atrás do volante de um BMW." Antes de se dar conta, você terá esquecido como ou quando a palavra e a imagem foram implantadas na sua mente. Tudo o que sabe é que você sente um desejo forte de visitar a Flórida ou comprar certo carro de luxo. Agora eles são seus desejos particulares.

Quando você tenta persuadir alguém, é comum que tente fazê-lo responder com aquela outra palavra mágica: "sim". "Sim, Lior, gostaríamos que você viesse ao nosso *talk show* matinal." "Sim, Lior, eu realmente falei as palavras 'contrato de um milhão de dólares'." Vamos encarar: a palavra "sim" soa bem e todos nós gostamos de ouvi-la relacionada aos nossos objetivos e sonhos de vida. E ao encontro romântico de sábado à noite que estamos tentando marcar.

Mas e aquela outra palavra, a oponente mortal de "sim"? O temido "não" que não queremos ouvir em resposta ao nosso pedido? Há algo que possamos fazer sobre a palavra "não"? Sim! Imagine que você foi pedir um aumento à sua chefe. Você fez tudo o que pôde para ser persuasivo, mas de algum modo a sua chefe permaneceu imune aos seus poderes e charme, e disse aquela palavra que você não queria ouvir: "não". E ponto.

A pior coisa que você pode fazer nesse ponto é dizer: "Tudo bem, obrigado pela atenção", voltar desanimado para a sua mesa e ter um dia ruim. A sua chefe é humana. E quase todos os humanos gostam de agradar os seus companheiros humanos, porque é assim que somos programados. Dizer "não" desagrada as pessoas. Agora que a sua chefe disse "não" é o momento em que ela está mais vulnerável a dizer "sim" para melhorar a situação. É a sua hora de atacar. Você pode pedir um aumento menor ou algo não relacionado ao aumento, mas que seria muito importante para você. Quem sabe um tempo adicional de férias ou ir a uma conferência que você sempre quis? A sua chefe estará muito mais disposta a aceitar esse pedido agora do que uma semana depois.

Ao experimentar essa técnica persuasiva, você emprega o princípio psicológico muito eficaz do valor relativo. Os vendedores sabem oferecer um produto – um terno ou uma garrafa de vinho – num preço mais alto para que um produto mais barato (mas provavelmente mais caro do que você estava esperando) pareça uma pechincha em comparação. Assim como a água-morna parece fria depois que você coloca a sua mão na água quente.

Vamos pensar no exemplo do vinho. Imagine que a *sommelier* recomende três vinhos do extenso cardápio. Ela oferece um vinho a $ 35, um a $ 55 e o outro a $ 80. É uma comemoração de aniversário e você quer esbanjar. Qual você escolhe? Provavelmente o de $ 55. Você não quer parecer sovina, mas $ 80 parece muito dinheiro. E se a *sommelier* tivesse oferecido vinhos a $ 115, $ 80, $ 55 e $ 35? Muito provavelmente você consideraria o vinho de $ 80 – agora não parece tão caro, certo? Assim como a sua chefe considerará o seu pedido razoável se ele for encaixado num pedido mais ambicioso.

Este joguinho mental ilustra essa questão. Veja os dois círculos internos. Qual deles é maior?

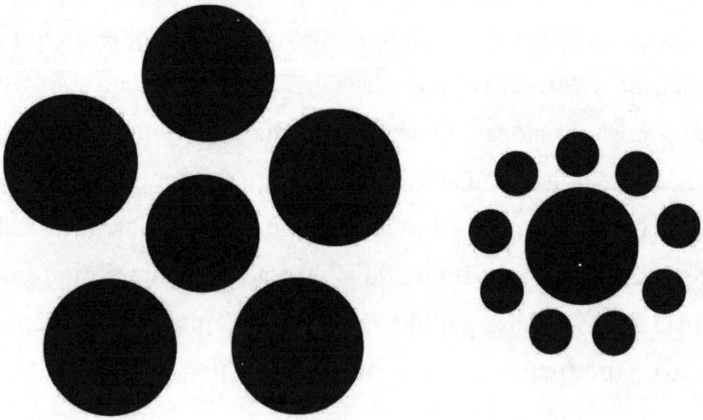

Você deve ter respondido que é o círculo à direita, certo? Realmente parece maior; mas, surpreendentemente, os dois círculos são exatamente iguais! Tudo tem a ver com o tamanho dos círculos ao redor deles. Mais uma vez, trata-se do conceito de valor relativo ou, nesse caso, tamanho relativo.

Lembre-se de usar isso ao seu favor como uma ferramenta de negociação.

Outra ferramenta de linguagem persuasiva que uso o tempo todo é: jamais dê à pessoa com quem estiver falando a oportunidade de dizer "não", a menos que você queira. Em vez de perguntar: "Você gostaria de assistir a um filme?", o que poderia resultar em negativa, pergunte algo como: "Que dia seria bom para um filme, quarta-feira ou quinta-feira?" E aí as coisas andam. Um encontro! Ou, depois de conhecer um contato de trabalho em potencial, eu digo: "O que é melhor para contatar você: telefone ou e-mail?" A pessoa não vai responder: "Nenhum dos dois" ou "Nenhuma das opções, Lior". Então, quando disserem: "Ah, e-mail é melhor porque viajo muito", terei recebido um convite para enviar um e-mail. E sempre sou educado e sigo as instruções.

Você também pode experimentar a técnica do "sim ascendente", do livro *The Game*, de Neil Strauss. Primeiro você faz uma série de perguntas que ensejem uma resposta afirmativa. Depois você faz uma pergunta para a qual deseje uma resposta positiva e em muitas vezes você vai conseguir, porque um padrão já foi estabelecido.

Mas, considerando todas as palavras, qual você acha que tem o apelo emocional mais forte para nós? Não é "dinheiro". É o nosso nome. É uma palavra que volta ao passado, na maioria dos casos, ao momento do nosso nascimento, quando os nossos pais o sussurraram para nós pela primeira vez. Com o passar do tempo, o nosso nome nos foi dito de formas tão diferentes: com raiva, amor, decepção, ressentimento, embriaguez, alegria. Já foi dito de todas as formas. Mesmo dividindo o nosso nome com tanta gente, ele ainda ressoa. Em lugares cheios, ouvimos o nosso nome ser chamado em destaque mesmo quando o chamado não é para nós. O nosso nome nos provoca reações.

Sempre que falo com alguém ou convido alguém ao palco durante as minhas apresentações, pergunto o seu nome. Isso cria aquela conexão emocional que desejo. Se você for apresentado a alguém, repita o nome da pessoa. "Este é o meu amigo Lior, o incrível mentalista." "Oi, Lior! Prazer em conhecer você." Imediatamente Lior (o incrível mentalista) se impressiona, de modo consciente ou subconsciente – não importa. Você gerou uma conexão, um vínculo entre vocês simplesmente mencionando o nome da pessoa.

Agora que você está se achando o máximo, é o momento exato em que pode estragar o progresso que já conquistou. Porque agora deve estar achando que seria uma boa ideia dizer o nome várias vezes, repeti-lo durante toda a conversa apenas para provar que se lembra dele e que você é um ótimo novo amigo. Erro crasso. Todas as vezes em que você disser o nome, o seu conceito aos olhos de Lior cairá, e continuará a cair, e você vai parecer um vendedor falso. Mas, se disser o nome uma vez no início da conversa e – espere – outra vez ao terminar a conversa, então o seu conceito subirá às alturas na estima de Lior. E pode ser que você receba um telefonema do incrível mentalista amanhã de manhã.

Quando faço aquela apresentação "pense em um número", sempre pergunto primeiro o nome da pessoa. Depois eu o anoto no meu cartãozinho ou no cartaz junto com o número. Assim: "John dirá 31". Mais uma vez, isso estabelece uma conexão imediata. Agora a pessoa se sente especial porque fiz a apresentação especialmente para ela. É o seu nome, o seu número, o seu momento.

Como você pode ver, as palavras que usamos e os modos em que as usamos são importantes. E, quando você fala com alguém, lembre-se de usar contato visual. Numa conversa média, as duas pessoas que conversam não se olham em quantidades iguais. O ouvinte olha diretamente para o falante em torno de 75% do tempo. O falante olha para o ouvinte somente cerca de 40% do tempo. Se quiser persuadir a pessoa com quem estiver conversando, olhe mais para ela. Simples assim. Tente elevar o percentual para 50%. Mais do que isso pode parecer esquisito. O seu ouvinte achará estranho o fato de você o encarar tanto e deixará de ouvir o seu fantástico fluxo de palavras persuasivas. Faz sentido. As pessoas gostam de receber atenção. Apreciam o cuidado e o respeito. Você sabia que algumas tropas no Iraque foram proibidas de usar óculos escuros ao falar com os iraquianos, especificamente para que pudessem fazer contato visual com os cidadãos locais, um sinal de respeito?

Gosto muito do contato visual. Costumo perscrutar os olhos das pessoas quando leio a sua mente. É possível ler tanto sobre alguém através dos olhos! Numa conversa normal não deixo de fazer contato visual. O meu humor e o meu toque lúdico aparecem nos meus olhos e, quando isso é transmitido, as pessoas se sentem mais à vontade na minha presença. Elas relaxam – e se abrem à minha influência. E eu gostaria de dividir com você uma dica secreta muito especial. Tenho um olhar bem poderoso que criei e desenvolvi com o passar do tempo – um olhar forte – para momentos importantes. Em vez de olhar para os olhos de alguém, olho para a ponte do seu nariz. Ainda assim, parece que você está olhando para os olhos da pessoa, mas significa que os seus olhos não vão se distrair e você conseguirá sustentar o olhar por um longo tempo. Isso cria um olhar profundo e sério que é extremamente impressionante e persuasivo. Eu o uso como um olhar de poder e realmente funciona. Experimente com os seus amigos e parentes. Como eles se sentem sob o seu novo olhar impositivo?

Quando estou de frente para uma plateia, eu me sinto um mestre de marionetes, segurando todas as cordinhas da comunicação e persuasão que foram geradas durante a apresentação. Gosto da imagem. Eu a vejo claramente, as teias de pensamentos e o poder desses pensamentos entrecortando a plateia. Mas, apesar dos meus melhores esforços, nem sempre estou no comando. Uma linha simples de comunicação pode cair.

Monte Carlo, 2010
400 PESSOAS

Estou no palco e chamo alguém para me ajudar na próxima parte do meu espetáculo. Dou ao homem um envelope fechado e € 10 e lhe digo para jogar na roleta, depois voltar e nos dizer como foi. Ele parece bem animado com a ideia ao sair do palco em direção ao cassino ao lado. Eu o escolhi especificamente para este número. Fico batendo papo com o público e esperamos ansiosos pela volta do homem. A música rola e as luzes correm pelo palco e pela plateia. Será que ele ganhou ou perdeu?

Após alguns minutos, o homem volta e sobe no palco. Parece sem fôlego. O público vibra. "E aí, meu amigo?", pergunto. "Como foi?"

"Nada", ele diz e dá de ombros. Dá sinais de uma linguagem corporal estranha e defensiva.

"Como assim, nada?" Fico realmente surpreso com tal resposta.

"Bem, a aposta mínima na roleta é de € 20. E você me deu só € 10." Ele me devolve o dinheiro e o envelope. A plateia ri muito. Eu estou rindo também enquanto o cara parece envergonhado.

"Você percebe que arruinou esta parte da apresentação?", pergunto. O cara sorri e parece encabulado. O público está adorando. "Você não pensou em adicionar € 10 seus aos meus € 10?", continuo. Aí o cara sai do palco enquanto digo à plateia, que ainda ri: "Então, se quiserem ver esta parte da minha apresentação, terão que voltar em outra noite".

Por sorte isso acontece quase no fim do espetáculo. Todas as minhas conexões emocionais foram estabelecidas, e as pessoas estão seguindo o meu comando, rindo quando quero que riam, concentrando-se quando quero que se concentrem, então conseguem seguir o meu comando aqui também. Sigo o fluxo e rio, embora as coisas não tenham acontecido de acordo com o plano. Isso ajuda a ter o público do seu lado.

Será que errei ao escolher aquele cara para me ajudar? Às vezes me pergunto. Será que não li a linguagem corporal dele corretamente? Deixei de persuadi-lo a fazer o que eu queria? Acho que não. Ele parecia suficientemente inclinado e aberto. Mas um imprevisto ocorreu quando ele estava fora do auditório. A persuasão e a linguagem corporal têm um limite. O melhor que eu podia fazer nessa situação era rir e continuar – mas lembrar e aprender na próxima vez. Limitar as oportunidades de ação dos meus ajudantes sem a minha influência. E saber qual é a aposta mínima da roleta em qualquer lugar onde me apresente. Agora chamo esse caso de "O cara que não apostou" e ele passou a fazer parte das piadas do meu espetáculo. Ele poderia ter ganhado!

O que teria acontecido se alguém do público tivesse voltado à minha apresentação na noite seguinte? É assim que o número teria acontecido. Luzes, música, ação. Convido alguém para o palco e faço algumas perguntas. "Você está gostando de Monte Carlo? Já ganhou algum dinheiro? Gostaria de ganhar alguma coisa hoje?" O meu ajudante diz que sim, balançando vigorosamente a cabeça. Depois lhe entrego € 20 – sem erros agora – e um envelope lacrado, e peço que vá até a roleta e aposte. Ele some, ansioso. Mais uma vez, a plateia e eu esperamos. É uma plateia receptiva e construí uma ótima empatia com ela. Quando o homem volta, corre até o palco e faz uma reverência. Acho que ele tem um pouco do gene artístico também. As pessoas se inclinam para a frente nas poltronas. "Então", pergunto, "ganhou o dinheiro?" O homem faz que não com a cabeça. "Por que não?", pergunto. "Conte o que aconteceu." Agora o homem parece um garoto travesso, como se estivesse em alguma confusão. "Apostei no número doze", conta.

"E não foi o número que ganhou, foi?", questiono. "Não", ele admite. "O número oito é que ganhou." "Número oito", falo. "Bem... Boa sorte na próxima vez." Ele me olha como se eu fosse lhe dar mais € 20. "Com o seu próprio dinheiro", digo, e a plateia ri.

Uma pausa enquanto todos se questionam o que vai acontecer. Pensamentos começam a cruzar a mente de todos. Algo deu errado? O cara deveria ter acertado? É aí que volto a falar. "A propósito, por acaso você abriu o envelope?" O cara olha para o envelope na sua mão como se tivesse esquecido que ele estava ali e nega com a cabeça. "Você não me avisou", ele retruca. "Por que você não abriu o envelope?" "Porque você não me avisou." O cara está quase gritando. "Você se importa de abri-lo agora?" E ele abre. Retira uma folha dobrada e olha de novo para mim em busca de orientação. "Você pode desdobrar a folha e ler o que está escrito?" É o que ele faz. Ele lê simplesmente: "Por favor, aposte o dinheiro no número oito". A sua boca se abre e a plateia enlouquece. É uma cena muito forte.

A conexão emocional entre o público e eu num momento assim é enorme. É elétrica. É como se estivéssemos funcionando juntos, conectados pelo poder da persuasão. É incrível. E outra coisa a considerar é por que o homem não abriu o envelope. Eu criei uma empatia entre nós a ponto de ele nem pensar sobre isso? Eu não havia lhe dito para fazê-lo, então ele não fez. Ele estava completamente sob o poder da minha persuasão. Como fiz isso? Eu teria que matar você.

Las Vegas, 2011

900 PESSOAS

De volta ao meu grande espetáculo. Adivinhei um número, um nome e pedi para Jane escolher um número de um catálogo de telefones que espantosamente correspondeu ao número criado aleatoriamente pelas mulheres na fila da frente. As mulheres ainda estão em estado de choque. Deixei Blake tomando conta do dinheiro e de um rolo.

E agora fecho os olhos por um instante para aquietar a minha mente. Quando volto a abri-los, olho para o mar de rostos, muitos agora conhecidos. Eles se conectaram como público, reagindo como um ser único. Risos. Choque. Espanto. Agora estão demonstrando ansiedade. Vou para o centro do palco.

"Preciso de um casal da plateia. Um homem e uma mulher para me ajudarem em algo incrível!" Agora uma miríade de mãos acenam. Olho para os voluntários. Quem escolher, quem escolher? Escolho um casal lá no fundo do auditório. Estão rindo juntos, afinados. Eles abrem caminho pela fileira e vão até o palco, o homem cuidando da mulher, segurando suavemente o seu cotovelo nas escadas que levam ao palco.

"Como se chamam?"

"Pam."

"Steve." Eu os posiciono no palco para que fiquem um pouco separados, de frente para o público, comigo no meio.

"Tudo bem, quero que vocês olhem para a frente, fechem os olhos e se concentrem, porque em alguns segundos vocês terão algumas sensações esquisitas." Toco em seus ombros.

"Cada um de nós tem algo chamado *chi*. A nossa energia. Vou mostrar a todos o que acontece quando combino a energia deles. Pam, em alguns segundos, vou tocar no seu rosto." Toco em Steve levemente no nariz. "Você sentiu, Pam?"

"Ela diz que sim, de olhos bem fechados. "Você pode me mostrar onde eu toquei em você?" Ela aponta para o nariz. Sem hesitação. Ouço murmúrios do público. "Tudo bem, Pam, agora você vai sentir uma cócega esquisita." Toco no queixo de Steve e faço um pouco de cócegas. "Você sente, não é?"

Pam responde: "Sim".

Olho para a plateia com um sorriso. "Pode me mostrar onde?" A mão dela voa direto para o queixo.

Depois belisco as costas de Steve, não com força, mas o suficiente para ele se encolher um pouco. De repente, Pam exclama: "Ai!" "Não abra os olhos. Diga se sentiu algo estranho", falo para ela.

"Sim." Pam está balançando a cabeça.

"É mesmo? O que sentiu?"

"Um beliscão." Exclamações de surpresa surgem na plateia. Estão adorando. "Um beliscão? Onde?" Eu não preciso fazer essa última pergunta. Pam já está indicando a parte de baixo das costas, esfregando-a como se doesse um pouco. "Incrível!", eu falo. "Agora abram os olhos." Pam pisca um pouco, primeiro olha para Steve, depois para mim. "Tudo bem?", pergunto. Ela sorri.

"Sim", ela fala devagar, esperando. Está tentando entender o que acontece. "Vou dizer uma coisa", continuo, com a minha mão no ombro dela. "A plateia não está aplaudindo porque está chocada." Aceno para o público, rindo.

"Você lembra que eu toquei no seu nariz?"

Pam responde: "Sim". Volto-me para o público.

"Eu toquei no nariz dela?"

Todos gritam: "NÃO!" Eles estão alegres. Pam está espantada.

"Eu não toquei no seu nariz. Eu estava tocando no nariz de Steve. Lembra que fiz cócegas no seu queixo? Eu fiz cócegas nela?"

"NÃO!", grita a plateia, inclusive Steve. Ele está rindo, envolvido naquilo tudo.

"Eu não fiz cócegas em você. Eu fiz cócegas nele. Eu não belisquei as suas costas, eu belisquei as costas dele!" Pam está impressionada, olhando para Steve em busca de confirmação. Ele está dizendo que sim e rindo, e vai até Pam para abraçá-la. Ela ainda balança a cabeça, incapaz de acreditar.

"Eu senti", ela diz para Steve, para mim.

"Sabe o que isso significa? Significa que qualquer lugar onde eu tocar em Steve", faço uma pausa enquanto dou um tapa no peito dele, "você sentirá também!" Pam sorri. Todos riem muito. "Não, de verdade", eu digo. "Vamos passar para a próxima fase." Levo Pam e Steve para duas cadeiras e os deixo sentar.

"Então, Steve, agora vou hipnotizar você. Sem realmente saber como hipnotizar. Legal, né? Vou contar até cinco e, quando eu disser 'cinco', você entrará em profundo transe hipnótico. Um, dois, três, quatro, cinco. Feche os olhos, você está hipnotizado." Steve tem um largo sorriso no rosto.

"Aqueles que não acreditam que Steve está hipnotizado levantem as mãos." Muitas mãos acenam. Eu mesmo levanto a mão. "Como veem, eu também levantei a mão." Risadas. "Agora, se realmente acreditarem em mim, levantem as mãos." Algumas pessoas gentis – ou palhaças – erguem as mãos. "Obrigado, mãe." Agora me afasto de Pam e Steve até o outro lado do palco. "Para mostrar que Steve realmente está hipnotizado, ficarei aqui. Steve, abra os olhos e olhe para mim." Steve obedece. "Vejam, como um robô, ele obedece a todas as minhas ordens." Steve está rindo, tentando não rir, mas balançando na cadeira. Vou até ele e coloco a minha mão no seu ombro. "Agora vou cobrir os seus olhos com uma venda." Coloco a venda nele e pego algo numa mesinha que está no palco. É um garfo. Um garfão. Eu o seguro e fico atrás de Steve. "Você já ouviu falar em acupuntura chinesa?" A plateia ri. Pam também. Ela se virou na cadeira para ver melhor. Steve sorri.

"Steve, preciso que aponte o seu dedo para Pam, e Pam, você precisa apontar o seu dedo para Steve. Tomem cuidado. A energia vai fluir da sua mão para a mão dele, então não aponte muito para baixo porque não sou responsável pelo que vai acontecer." O auditório ri alto. Steve parece meio nervoso e se mexe na cadeira.

"Tudo bem, senhoras e senhores, vou contar até três. Quando eu disser 'três', vou..." – aqui eu pego o garfo e finjo golpear Steve com ele – "divertir vocês e vou pedir para baterem palmas no três. Prontos? Um, dois... Três! Batam palmas!" Todos aplaudem como loucos.

Avanço até Pam e cutuco levemente o seu traseiro com o garfo. Imediatamente, Steve dá um salto. Ele arranca a venda, chocado, depois ele e Pam ficam sentados, rindo, tremendo. A plateia está de pé com animação e energia. "Ai, meu Deus!", grito. "Isso significa que vocês estão muito conectados. Muitos aplausos para eles!" A música começa. Pam e Steve vão até as escadas, rindo e conversando.

"A propósito, preciso lhes dizer uma coisa: a dor sumirá em um mês." Risos. "E essa situação hipnótica dura somente uma semana. Isso significa que qualquer parte sua onde você tocar na próxima semana, ela sentirá também." Muitos risos. "Ah, e Pam, se você sentir algo às duas da madrugada, não sou eu." Fico no palco observando o público rir, aproveitando o momento. Então pego o microfone, fico sob a luz do holofote e grito: "Quase esqueci. Cadê o dinheiro?" De sua fileira distante, Blake grita: "O DINHEIRO ESTÁ AQUI".

CINCO

APROVEITANDO O PODER POSITIVO DA ENERGIA

HONG KONG, 2011

Estou num bom restaurante no centro da cidade, todo com paredes de vidro e um bar sortido. "Pode me emprestar os seus óculos?", peço a uma jovem ao me aproximar da sua mesa. Ela parece nervosa, mas tira os óculos e me entrega. "Qual é o seu nome?"

"Jennifer."

"Bem, Jennifer, você tem seguro?", pergunto. Ela diz que não, de olhos arregalados. "Deveria ter." Ela parece chocada, depois ri. "Estenda as mãos, com as palmas para cima, e eu colocarei os óculos nelas. Eles ficarão seguros assim. Apenas mantenha as mãos esticadas e deixe os óculos pousarem nelas." Agora fico sério. Eu foco nos óculos, esfrego as mãos sobre os óculos, concentrando os meus pensamentos. As pessoas ao redor estão quietas, assistindo, esperando. Consigo senti-las, mas todos os meus pensamentos estão nos óculos. De repente, os óculos saltam no ar, viram de cabeça para baixo e aterrissam nas mãos de Jennifer. Ela sorri espantada e talvez aliviada. "Legal, não é?", pergunto.

Uma mulher que está na mesa ao lado pergunta: "Você consegue fazer isso com pessoas?" É uma pergunta que nunca me fizeram e por um segundo fico calado, visualizando a mulher dando uma cambalhota a quase dois metros de altura. "É claro que sim", e vou em direção a ela. "Qual é o seu nome?"

"Liz."

"Tudo bem, Liz." Finjo que vou levantá-la e virá-la no ar. Todos riem, especialmente Liz, embora eu veja que ela está nervosa, já arrependida de ter perguntado. "Se você ficar aqui e fechar os olhos, eu ficarei atrás de você." Ela segue as minhas instruções e eu fico alguns metros atrás, concentrando-me na sua nuca, no alto dos seus ombros. Estendo os braços, sem tocar nela, mas perto, e depois, bem devagar, vou recuando as minhas mãos na minha direção. Liz também se move, os ombros seguindo as minhas mãos, sem mover os pés, até que todo o corpo dela está inclinado para trás. "Consegue sentir?", pergunto. Ela assente com a cabeça, os olhos ainda fechados. Ela está se inclinando para trás, como a Torre de Pisa. "Pare!", ela grita. "Você está tocando em mim?" "Não", respondo. "Pare de me puxar!" Os braços dela se agitam. Sei que deve parecer estranho, até assustador. "Não estou tocando em você", eu falo com calma. Mas ela agora move os pés, endireitando-se. "Tudo bem", eu falo. "Abra os olhos." Ela se volta para trás e olha para mim. "Foi terrível", ela diz. "Senti uma energia esquisita, depois pensei que mãos estavam me puxando." Agora ela está rindo, tremendo de nervosismo, o que provoca gargalhadas em todos ao redor. "Foi incrível", ela continua, e volta para o seu lugar.

"Como você faz isso?", Jennifer pergunta.

"Energia", respondo. "Energia *chi*, energia positiva. Eu a controlo com a minha mente. Com a sua mente também."

O termo *chi* é chinês, mas pode ser que você tenha ouvido *ki*, *chai* ou *prana*. São as palavras em japonês, hebraico e sânscrito para "energia" ou "força vital". É a energia natural no universo que compõe tudo. Gosto de pensar nela como energia positiva e a pratico nas minhas apresentações e na vida fora do palco. Ela existe dentro e fora do nosso corpo e, quanto mais conseguimos cultivá-la e extraí-la de dentro de nós, mais energéticos e vitais nos tornamos.

Como sou um grande fã dos filmes da série *Star Wars*, sempre me interessei pela conexão entre o *chi* e a Força. Como Obi-Wan Kenobi diz a Luke Skywalker: "É a Força que dá o poder a um Jedi. É um campo de energia criado por todos os seres vivos. Ela nos cerca, nos penetra e une a galáxia". Para mim é como o *chi*.

Existe um ditado chinês que diz: "o *chi* segue o *yi*", em que *yi* é a mente ou a intenção. Essa frase se relaciona exatamente a algumas das habilidades que uso como mentalista. Quando foco a minha mente, a energia flui nessa direção. Quanto mais eu foco, mais a energia flui. Na verdade, posso focar especificamente em fazer a energia fluir para onde eu quiser. Você pode experimentar isso pensando numa parte do seu corpo, talvez o seu pé ou a sua mão. Foque realmente e tome consciência dessa parte. Imagine como as veias estão tremendo sob a superfície da pele, como o sangue está fluindo pelas veias, carregando com ele a sua força vital. Agora imagine o sangue como energia pulsando pelo seu corpo. Talvez você sinta uma cócega no pé. Talvez ele comece a parecer meio quente. É a sensação da energia.

Então como uso esse poder para influenciar o mundo ao meu redor? Embora não soubesse todo o tempo, eu estava focando no *chi*, a minha energia interna, quando eu era aquele menino de seis anos brincando com a comida e fazendo a minha colher se mover pelo prato. Naquele tempo eu só conseguia mover a colher uma fração de centímetro e apenas às vezes – assim a maioria das nossas refeições em família progrediram suficientemente em paz –, mas agora, após anos de estudo e prática, consigo focar grande parte dessa energia sempre que desejo.

Quando quero entortar uma colher, um prego ou o pedestal de um cálice de vinho, preciso focar muito, usar a minha mente para extrair essa energia de dentro de mim e direcioná-la ao ponto que pretendo formatar. Mais uma vez a imagem do raio *laser* cabe aqui para explicar o que acontece. Não basta esperar que a colher entorte ou simplesmente querer que ela entorte; é uma questão de determinação. Eu grito: "Entorte, entorte" na minha mente enquanto uso a minha mente para extrair, controlar e projetar a minha energia *chi*. É a base da telecinésia – mover um objeto ou mudar a sua forma usando o poder da mente. Vou para lá e para cá, conversando com o público e focando intensamente no objeto. É preciso muito esforço. Quando estou trabalhando para entortar um objeto, primeiro ele esquenta com o alto nível de energia cinética antes de começarmos a vê-lo amolecer e entortar. Pode ser extenuante. Quando faço relógios pararem e óculos darem cambalhotas, isso também requer muito foco para gerar energia suficiente, mas não tanto quanto entortar talheres.

Às vezes peço ajuda ao público, convidando um grupo de pessoas para subir ao palco. Peço que fiquem ao meu redor e me ajudem. Assim, consigo usar os níveis de energia delas para aumentar o fluxo de energia positiva. Como bônus, o número fica mais interessante quando as pessoas veem o objeto mudando bem na sua frente. Também coloco um talher ou uma moeda na mão de alguém e envio energia através da pessoa para o objeto. Assim, fica evidente que não estou manipulando fisicamente o objeto de forma alguma – é tudo mental. Isso sempre causa uma impressão muito forte.

ESTÁ LOUCO PARA ME VER ENTORTAR COLHERES E MOEDAS E MOVER ÓCULOS COM O PODER DA MINHA MENTE?
ACESSE CLM9.VOZES.COM.BR

Você se lembra de Pam e Steve no palco? Exibi esse número muitas vezes com pessoas que se conheciam, marido e mulher ou amigos, mas nem sempre. Também o apresentei com algumas duplas de celebridades interessantes, como Jay Leno e Zac Efron na minha primeira participação no *The Tonight Show*, e Arnold Schwarzenegger e um rabino de Los Angeles.

A forma pela qual transfiro sensações de toque de uma pessoa para outra durante essa parte do espetáculo é através do poder da energia *chi*. Primeiro, coloco uma venda em uma pessoa e digo a ela que vou tocá-la em alguma parte e ela me avisa quando percebe a sensação do toque. Então eu belisco a outra pessoa no queixo ou toco suavemente no seu nariz. Ou é o que parece. Na verdade, estou transmitindo a energia *chi* de uma para a outra, como fiz com Pam e Steve. A sensação é muito forte para a pessoa que não está sendo tocada. Elas sempre se espantam quando digo que não foram tocadas. O público sempre adora o olhar de espanto do participante. "Mas eu senti!", eles exclamam, impressionados. O poder da energia *chi* é fortíssimo.

Certa vez me apresentei em Israel e um dos participantes no palco era uma judia ortodoxa. Ela estava preocupada em ser tocada por um homem, pois isso era contra a sua crença, e eu garanti que ela não seria tocada. É claro que, com a transferência de energia, ela sentiu o toque e ficou muito chateada. Eu falei que ela não tinha sido tocada. O público lhe disse que ela não tinha sido tocada. Mas ela não acreditava. Não até ela ver a cena em vídeo. Aí ela acreditou em mim e ficou impressionada.

Embora essa transferência de energia seja exaustiva para mim, em termos mentais e físicos, ela produz energia positiva no público, o que, por sua vez, me mantém energizado. A energia circula pelo teatro, partindo de mim para o público e vice-versa. Quanto mais eles apreciam o entretenimento, mais energia boa circula.

Há algo muito emocionante quando estou no palco de frente para um público enorme e sinto que todos reagem às coisas que falo e faço. Como boa parte do que faço é pautada na persuasão de pensamentos, eu sinto como se fosse o meu dever persuadir as pessoas a se sentirem mais felizes, a experimentar pensamentos positivos. Tudo o que faço vem de um lugar bom dentro de mim. Consigo sentir um crescimento da energia positiva no público à medida que continuo com a minha apresentação todas as noites. Às vezes o público pode ser reservado no início, ainda preso em pensamentos e preocupações da rotina, então preciso trabalhar com eles, canalizar o seu humor e conseguir que se concentrem em mim, no espetáculo. Certas áreas da plateia se aquecem primeiro e, à medida que relaxam e riem, os vizinhos também o farão, e as boas sensações irradiarão. Costumo percorrer a plateia para ter certeza de que a energia positiva alcançou as pessoas lá no fundo, para que se sintam tão conectadas quanto aquelas das primeiras fileiras. Normalmente a energia é contagiante. Depois que cativo um grupo a energia se espalha por toda a plateia, em algumas noites com mais rapidez do que em outras; mas, quando há energia, ela permanece. Toda essa energia positiva é absurdamente poderosa. No capítulo anterior falei sobre a importância da conexão emocional entre eu e a plateia, e como isso afeta a minha habilidade de persuadir, influenciar e controlar. Como você vê aqui, a energia positiva também se pauta nisso. Quanto mais energia consigo cultivar e injetar no público, mais energia tenho para trabalhar durante toda a apresentação – e ela vai crescendo.

Após uma apresentação, os meus níveis de energia estão bem altos e eu sinto como se pudesse realmente fazer qualquer coisa que desejasse. Sou o Super-homem de novo! São os meus momentos mais criativos. A minha mente está fervilhando de ideias e é aí que tenho muitas das minhas novas ideias para apresentações, livros ou aplicativos de iPhone. Toda essa energia produz um estado mental positivo, então consigo pensar em qualquer coisa como uma possibilidade. Invento tantos "e se..." quando estou nesse estado! Os meus amigos e colegas já não se surpreendem mais quando recebem vários e-mails frenéticos meus de madrugada.

O público sai das minhas apresentações com essa sensação de positividade também. Sempre fico muito feliz quando sinto que a plateia gostou da apresentação. O meu espetáculo não é como aquelas apresentações ou peças de teatro que deixam você completamente esgotado e exausto mentalmente, precisando de uns *drinks* para se sentir gente de novo. Ouvi de muita gente que essa atitude geral otimista e esse sentimento de bem-estar duram muito tempo após o espetáculo, especialmente quando as pessoas se conectam ainda mais, falando sobre o que vivenciaram.

Tento irradiar energia positiva em todas as direções onde quer que eu vá. Uma das coisas que mais aprecio é fazer as pessoas dizerem "uau" e sorrirem. O que poderia ser mais positivo do que isso? Sempre que divirto as pessoas – seja num cenário informal na praia ou numa rua em algum lugar ou numa apresentação ao vivo –, adoro ver o espanto em seu rosto. É como se tivessem voltado a ser crianças. Alguns, é claro, me questionam e tentam racionalizar o que faço ou acham que tudo não passa de truque e simulação – aliás, nem me importo. Sempre pergunto: "Você gostou da apresentação?" E, quando respondem: "Sim, foi incrível", sei que fiz a minha parte. É tudo o que importa. Não cabe a mim transformar descrentes em crentes. A minha esperança é que as pessoas apreciem o entretenimento que é o cerne de tudo o que faço. Acho que posso afirmar que quase todos saem dos meus espetáculos se sentindo muito positivos. Concordo 100% com Charlie Chaplin, que dizia: "Um dia sem rir é um dia desperdiçado".

Desde que comecei a me apresentar como mentalista tenho um *slogan*, um lema, impresso em cartões-postais e cartões de visita, que resume muito bem dois elementos da minha apresentação: "Sempre tenha bons pensamentos, porque nunca se sabe quem os lê". Acredito muito nos pensamentos positivos. Se eu consigo desenvolver energia suficiente com a minha mente para mover objetos, entortar objetos sólidos, transmitir energia de uma pessoa para a outra, é evidente que a nossa mente é capaz de afetar o mundo ao redor. Cabe a nós usar essa energia de modo positivo, canalizar o nosso *chi* para criar um manancial de positividade em nós que transborde para o nosso cotidiano.

Eu me inspiro em várias fontes e, quando me contaram a história que vou contar a você, ela me deixou tão feliz, tão energizado! É uma das minhas favoritas sobre superar a negatividade e canalizá-la em pensamento positivo com resultados incríveis. Um homem chamado Ferruccio (1916-1993) cresceu numa família de fazendeiros na Itália, mas se interessava mais em equipamentos agrícolas do que no lado agrícola do negócio. Depois de trabalhar como mecânico na Marinha Real ele fundou a sua própria empresa de tratores. A empresa ia muito bem, tornando-se a melhor da Itália, e, com seu trabalho árduo, Ferruccio conseguiu comprar vários carros bons para si, inclusive o carro dos seus sonhos – uma Ferrari. Ele adorava esse carro, mas observou que ele estava com problemas na embreagem, então levou-o até Maranello para que fosse reparado na fábrica da Ferrari de lá. Os mecânicos sempre levavam o carro e o consertavam em segredo – o que perturbava Ferruccio. Depois de passar por essa situação várias vezes, Ferruccio se reuniu com Enzo Ferrari em pessoa para falar sobre os problemas da embreagem; mas, assim conta a história, Ferrari não gostou da insolência do "motorista de trator" e lhe falou: "Ninguém dirá a Enzo Ferrari como construir carros". Aí Ferruccio decidiu construir o próprio carro, com uma embreagem que funcionasse adequadamente, um que concorresse e fosse melhor do que todas as ferraris. E assim fez. E ele deu ao carro o seu sobrenome: Lamborghini.

Isso não faz você pensar nas vezes em que alguém tratou você mal e fez você querer voltar no tempo e transformar a energia negativa em positiva? É claro que não podemos fazer isso, mas podemos tentar focar no aumento da energia positiva à nossa volta futuramente.

Um dos números de leitura mental que gosto de fazer envolve pedir a alguém para desenhar algo enquanto saio do auditório e depois tento desenhar exatamente a mesma forma. O engraçado é que a maioria desenha uma carinha *smiley*. Tanto é que agora peço às pessoas para não fazer esse desenho, assim fica difícil para mim.

Esse jeito sorridente de estar feliz está tão enraizado na cultura ocidental que falamos coisas e fazemos coisas "felizes" sem realmente pensar. Somos nós funcionando no piloto automático de novo. "Bom apetite!", dizemos antes de comer, mas outra vez não pensamos realmente sobre o que estamos falando. Então, quando falo em energia positiva, não é só isso. Não quero dizer reagir aos eventos da vida com felicidade ou tristeza, mas tentar aumentar o potencial para a felicidade, para experiências positivas em nossa vida, aumentando a nossa energia *chi*. A nossa vitalidade.

Como a maioria das coisas, a energia *chi* em nosso corpo precisa ser substituída e reabastecida à medida que é usada e, para tanto, precisamos absorver mais energia do mundo externo. Há um jeito especial de fazer isso que envolve a concentração na respiração. Se você for como eu, não pensa na respiração na maior parte do tempo – ela simplesmente acontece enquanto você pensa em outras coisas supostamente mais importantes. Mas, se prestar atenção à sua forma de respirar, é muito provável que perceba uma respiração incorreta. A maioria de nós inspira pelo nariz e expira pela boca, e o nosso abdômen se encolhe, em vez de se expandir. Está tudo errado.

Preste atenção à sua respiração por um momento. Inspire oxigênio e energia pelo nariz até os pulmões e sinta-os inflarem. Depois expire pelo nariz de boca fechada. Isso maximiza o *chi* que entra no seu corpo e minimiza a quantidade que escapa pela boca. Esse método traz dois benefícios: mais energia *chi* na sua mente e no seu corpo, e uma sensação de relaxamento, já que você desacelera e se concentra apenas na sua respiração.

Se pensarmos na energia *chi* como um tipo de força vital (que a Força esteja com você), faz sentido que ela nos dê uma sensação de vitalidade, de querer aproveitar ao máximo a nossa vida. Quando permitimos que essa energia positiva se combine com o poder da nossa mente, o resultado não é uma vaga sensação de alegria, mas uma positividade direcionada. Já que os nossos pensamentos criam a nossa realidade ou no mínimo a nossa percepção da realidade, não faz sentido que os nossos pensamentos devam ser todos positivos?

Buda dizia: "Tudo o que somos é o resultado do que pensamos. A mente é tudo. Somos o que pensamos". Eu realmente acredito nisso e não sou budista. Então, quando nos lembramos de nós mesmos, da nossa história de vida até aqui, ela não reflete de verdade quem somos hoje. Ao contrário, é quem fomos no passado. O que pensamos hoje será a nossa realidade no futuro, então faz sentido pensar em termos positivos.

Todos nós conhecemos pessoas que parecem atrair situações negativas e acabam sofrendo muitas coisas ruins na vida. Outros parecem ter uma boa sorte constante e uma vida perfeita e feliz. Pense no estado mental dessas pessoas diferentes. A pessoa que atrai má sorte é um tipo resmungão e deprimido? E a pessoa com a vida perfeita é um tipo feliz e positivo? Agora fica fácil afirmar, é claro que ela é resmungona ou é claro que ela é feliz – olhe para a vida dela. Mas aposto que essas pessoas sempre foram assim – negativas ou positivas – e ajudaram a contribuir para a própria "sorte" ou "destino", como você queira chamar. Se você pensar negativamente, coisas negativas acontecerão. Pode ser uma situação terrível, debilitante e interminável. Depois que algo ruim entra na sua vida, você escorrega ladeira abaixo, porque acha que adquiriu o direito de ser negativo. E adivinhe o que mais negatividade gera? Isso mesmo, mais negatividade.

Todos os dias em que trabalho como mentalista, preciso usar a energia *chi* para criar um estado mental positivo tanto em mim quanto no público. Não posso subir ao palco ou ir a uma festa com negatividade em qualquer parte da minha mente, já que isso afeta tudo o que faço. A negatividade gera dúvidas, e preciso crer que tudo no meu espetáculo acontecerá de acordo com os meus planos. Na minha linha de trabalho, em que a mente tem um poder adicional sobre a matéria, é até mais importante permanecer positivo. Às vezes ser um mentalista é meio como um voto de confiança. Também preciso usar a energia positiva para criar uma conexão com o público. Se eu estiver negativo ou tristonho, o público também ficará assim. A confiança é muito importante na persuasão, e a positividade focada pode ser vista como uma forma de confiança. Quanto mais energia positiva eu irradiar, mais ela voltará para mim, no palco e fora do palco.

Trabalhei muito no *timing* e no ritmo da minha apresentação – mas também nos níveis de energia. É quase como se eu tivesse desenvolvido um interruptor que me permite intensificar o nível de energia e depois reduzi-lo. Eu o controlo e manipulo conforme a necessidade. Mostro ao público algo impressionante e depois entro com o humor. Depois algo espantoso, depois mais humor. Ligo e desligo esse interruptor, mas sempre mantendo o ânimo geral alto, trabalhando com todos os meus sentidos.

O fato de que o riso é contagiante é algo que trabalha ao meu favor como animador. Mas não quero que isso saia do controle. Há números sérios de foco mental que apresento e precisam de certo grau de concentração; meu e do público. Então preciso controlar as risadas, mantê-las em certo nível de energia criativa, mas sem virar um caos.

Como você sabe, as coisas nem sempre saem conforme planejadas num espetáculo e, quando isso acontece, o precioso nível de energia corre o risco de ser arrastado para baixo. Por exemplo, é muito chato quando o celular de alguém toca. Isso acontece muito com os israelenses. Imagine só... Eu estou no meio de um número, com o público totalmente focado em mim e aí aquele toque alto do telefone invade tudo. *Triiim... Triiim...* Eu ficava louco! Mas o que eu poderia fazer? Gritar com a pessoa? Adverti-la na frente de todos, como se fosse uma criança? Ou mandar a segurança expulsá-la? Nada disso seria bom para a energia positiva da apresentação. Então o que faço agora é incorporar o telefone estridente à cena. Eu até torço para que essa invasão aconteça.

O culpado do telefone sempre parece tão envergonhado enquanto caça o telefone na bolsa ou no bolso, enquanto outros membros da plateia o olham de cara feia, que agora eu digo: "Não se preocupe, pode atender". A pessoa parece aliviada e surpresa, atende o telefone e as outras pessoas relaxam. Em geral continuo e leio a mente de quem telefona – adivinho o seu aniversário ou signo. Imagine a surpresa! Todo mundo adora. É tão inesperado! O nível de energia positiva dispara e eu educadamente lembro a todos para deixarem os telefones em modo silencioso. Quando comecei a me apresentar nos Estados Unidos e na Europa, eu esperava que algum telefone tocasse. Mas nunca aconteceu. Todos aqui foram muito mais treinados em relação a telefones! Mas foi uma apresentação tão boa que eu queria exibi-la em todos os espetáculos, então a minha apresentação é a única no mundo que avisa: "Não desligue os celulares" no início.

Uma outra situação que pode diminuir a energia do espetáculo é um erro meu. Aproveito para esclarecer que acerto cerca de 92% das vezes – Ótimo, não acha?; mas, como tudo na vida, de vez em quando algo não sai como o esperado. O público pode ser levado a uma sensação de desconforto em momentos assim. O que deveria ter acontecido? Foi culpa deles? O ânimo pode virar vergonha ou piedade, em vez de espanto. Por isso, a minha reação a erros é incluir um pouco de humor. Isso faz o pêndulo da energia pender para o outro lado – do negativo para o positivo.

Já ouvi que pacientes não processam médicos que apreciam. O mesmo acontece com os animadores. A plateia perdoa aqueles que são bem-humorados com os erros. Lembro-me de certa vez em que eu estava tentando adivinhar quem tinha sido a primeira namorada de alguém e perguntei se a pessoa tinha cabelo louro. Foi a imagem que me veio. O cara disse que não. Então brinquei: "Ela deve ter pintado o cabelo depois que você a viu pela última vez". Todos riram e ninguém se importou com o meu erro. Fui em frente e adivinhei o nome, de qualquer modo. Quando eu estava no programa de televisão *The Successor* e algo saía errado, eu costumava dizer: "Aposto que o Uri faria melhor". O público sempre ria muito – e os jurados também.

É interessante! Notei que a explosão de energia positiva pode ser expressiva depois de algo dar errado e eu consertar a situação. Agora até finjo que algo deu errado para fazer o fluxo de energia circular. Ligo e desligo o interruptor. Certa vez pedi para duas pessoas me dizerem três números diferentes. Elas falaram dezesseis, noventa e um e quarenta e dois. Depois pedi para uma delas desenhar uma grade com nove quadrados – três linhas e três colunas – e escrever os três números em três quadrados sem me mostrar nenhum dos quadrados. A escolha era delas. O objetivo, disse eu, era que eu também escrevesse os números na minha grade e adivinhasse as posições exatas dos números. Quando mostrei a minha grade, ela estava totalmente errada. As duas pessoas e o público ficaram decepcionados e envergonhados por mim. Parei e disse: "Bem, não importa. Era isso que eu queria mostrar a vocês". E peguei um bilhete da loteria com três quadrados prateados para raspar. "Vamos lá", falei. "Raspem os quadrados e me digam os números." É claro que os números eram dezesseis, noventa e um e quarenta e dois. Todos se espantaram, mais do que teriam se espantado se eu tivesse acertado a grade!

Por falar em erros, você observou que eu errei? A página 128 está faltando. Você percebeu?

Tóquio, 2011

Estou num famoso programa de televisão e pedi a uma convidada para pensar em um número de dois dígitos sem dizê-lo a ninguém. Depois, mostro a ela – e ao público – uma grade de quadrados, com quatro linhas e quatro colunas, dezesseis quadrados ao todo. A minha tarefa é preencher todos os quadrados com números em menos de vinte segundos, e um dos quadrados terá o número da convidada. Simples assim. Preparado... Já! Preencho rapidamente todos os quadrados, concentrando-me bem e escrevendo sem demora. Quando termino, levanto a grade completa cheio de animação, com todos os números para que todos vejam. Pergunto à convidada: "O seu número está aqui?"

"Não", ela responde.

"Tem certeza?", pergunto.

"Sim."

"Qual era o seu número?"

"Sessenta e quatro", ela me diz, envergonhada. Sinto incerteza na plateia. Algo deu errado? Como eles deveriam reagir? A plateia se mexe nas poltronas. Chegou a hora de alegrar todos. Agora vem a surpresa. Esta é a minha grade preenchida:

44	1	12	7
11	8	43	2
5	10	3	46
4	45	6	9

Observe. Você lembra que o número da convidada era sessenta e quatro. Bem, a soma de cada linha é sessenta e quatro. A soma de cada coluna é sessenta e quatro. A soma das diagonais é sessenta e quatro. A soma dos quatro cantos é – você acertou – sessenta e quatro. A plateia ri, eufórica, num misto de surpresa e espanto. As pessoas gritam mais formas de se chegar a sessenta e quatro na grade. Como os quatro números no centro. Ou os dois números centrais na linha de cima e os dois números centrais na linha de baixo. Não importa aonde olham, o resultado é sessenta e quatro. Eu também estou rindo, somando todos os tipos de números para chegar a sessenta e quatro e aproveitando toda aquela energia positiva que envolve o estúdio.

VEJA TODA ESSA ENERGIA ENORME EM AÇÃO ENQUANTO APRESENTO ESTE NÚMERO INCRÍVEL EM CLM10.VOZES.COM.BR

O único caminho é para o alto

Você é otimista ou pessimista? Se você ainda não tiver percebido, eu sou otimista. Não deixo pensamentos pessimistas entrarem e tento expulsá-los sempre que começam a me cercar. Parte disso é prática. Eu me treinei a tirar proveito da positividade com a minha mente. Eu lembro que certa vez um entrevistador me perguntou: "E se você não fizer sucesso na América?" Simplesmente olhei para ele, surpreso, e respondi: "Não é uma opção". Essa é uma das minhas principais metas e sempre soube que faria sucesso nos Estados Unidos. Pensamentos de derrota nunca passaram pela minha mente.

De acordo com Tali Sharot, uma das neurocientistas mais inovadoras em atividade hoje e autora de *The Optimism Bias*, os seres humanos podem ser programados para o otimismo. Ela explica que vivemos conscientes da nossa morte certa e então precisamos ter o instinto de imaginar coisas boas, como um futuro feliz, para nos ajudar a lidar com essa consciência. Mas como podemos ficar olhando para o lado brilhante quando temos acesso constante a tanta informação negativa, como programas de jornalismo vinte e quatro horas?

Ao examinar cérebros humanos enquanto processam informações positivas e negativas sobre o futuro, pesquisadores descobriram algo fascinante. Os nossos neurônios codificam informações desejáveis capazes de estimular os nossos sentimentos positivos, mas não guardam informações repentinas e indesejáveis. Então, enquanto o nosso cérebro registra a boa sorte de um felizardo ganhador da loteria e estimula o nosso otimismo, fazendo-nos pensar que nós também poderíamos ser ganhadores um dia, ouvir notícias desastrosas sobre desemprego não nos preocupa especificamente sobre o nosso lugar entre os trabalhadores. Às vezes é mais fácil ser otimista sobre o futuro geral do que sobre eventos específicos. Embora possamos ser otimistas sobre um ganho maior de dinheiro no próximo ano, podemos não ser otimistas a respeito de conseguir determinado trabalho após a entrevista de emprego. Você sabia que 10% dos americanos esperam viver cem anos enquanto, na realidade, apenas 0,02% vivem tanto? E também que 93% dos americanos acreditam que estão acima de 50% em suas habilidades como motoristas?

Como ver o lado brilhante

Você sabia que o otimismo é uma capacidade que se aprende? A maioria pensa que somos um copo meio cheio ou um copo meio vazio. Não é verdade. Até a pessoa mais negativa pode aprender um pouco de otimismo se focar a mente para tanto.

- Mude o seu tom de voz – se você falar "feliz", vai se sentir feliz.
- Force-se a ser alegre e animado (eis a energia *chi* de novo!) para mudar o humor, o estado mental e as pessoas ao redor.
- Mude as palavras que você usa para conseguir associações mais positivas. Assim, "problemas" viram "desafios".
- Mude o seu caminhar: dê passos largos, ande rapidamente de ombros eretos e cabeça erguida. Pessimistas dão passinhos vagarosos e ficam de cabeça baixa.

Pode levar algum tempo até que você se sinta natural, mas qualquer um pode reprogramar a mente e mudar a forma de pensar sobre os próprios sentimentos.

Agora um pouco de ciência cerebral: em 1988, o psicólogo social Fritz Strack pediu para voluntários segurarem uma caneta com os dentes – o que criava um sorriso artificial – ou segurar uma caneta com os lábios – o que criava uma cara emburrada artificial. Depois, os voluntários assistiam a desenhos animados engraçados e, isso mesmo, aqueles que haviam sido forçados a sorrir reagiram com mais alegria do que aqueles que estavam de cara emburrada. Force-se a sorrir e você vai se sentir mais positivo. Experimente e veja.

Você já deve ter notado que sou meio *nerd* em ciências. Adoro aprender toda a pesquisa realizada sobre o cérebro e a mente. Então fiquei bastante interessado quando descobri que, ao canalizar a nossa energia em pensamentos e comportamentos positivos, realmente podemos mudar a bioquímica cerebral. Níveis de serotonina, um hormônio "feliz" encontrado naturalmente no cérebro, são estimulados quando temos um cenário mental positivo. Os médicos sempre querem testar o meu cérebro para ver a sua atividade elétrica – a qual, tenho certeza, é louca às vezes – e ver quais partes se acendem quando estou entortando colheres e lendo mentes. Eu ainda não permiti. Mas é legal saber que, todas as vezes em que me apresento, estou mudando o meu cérebro – e o cérebro do público.

Além de níveis mais altos de serotonina, os neurologistas também demonstraram através de ressonância magnética que pessoas felizes desenvolvem uma atividade extra no córtex pré-frontal esquerdo do cérebro. É a parte do cérebro que controla as emoções positivas, como o otimismo. Compare isso àquelas pessoas sentindo raiva, ansiedade e tendo depressão, o que representa uma atividade extra no córtex pré-frontal direito. Quanto maior for a proporção "esquerda para a direita" no córtex pré-frontal, mais feliz será a pessoa – e vice-versa.

Guia de meditação do Lior

É fato que algumas das pessoas mais felizes e calmas do mundo (além de bebês adormecidos) são monges budistas. Quando o Dr. Richard Davidson, especialista em cérebro, e a sua equipe examinaram os cérebros de monges, a atividade do córtex pré-

-frontal esquerdo estava absurdamente fora da média. Mas o que havia no estilo de vida dos monges que os deixava tão positivos? A meditação. Muitos estudos de pesquisas mostram que quem medita regularmente tem "interações entre o lado esquerdo e direito" do cérebro muito positivas.

Por que a meditação surtiria esse efeito? E o que é considerado meditação? Em termos básicos, é um modo de reservar um tempo do dia para ficar tranquilo, focar e acalmar a mente, e respirar. É um momento para reabastecer as suas reservas de energia *chi*.

Para mim, o objetivo da meditação é duplo: conseguir um sentido de calma e também reconhecer a mim e a minha mente. É um momento em que não preciso pensar em detalhes nem planejar nada ou tomar decisões – é como ouvir o silêncio. Ela limpa a minha mente de todo o ruído – e a minha mente tem muito ruído. Penso na minha mente, meus pensamentos, como ferramentas para as apresentações que faço e a vida que levo, então preciso que funcionem bem. Se ficarem exaustos, não servirão para nada, o que não é bom para mim. Portanto, para mim, faz sentido ficar cinco ou dez minutos meditando sempre que posso.

Quem me conhece costuma se surpreender ao me ver meditar, porque geralmente estou falando e pensando em voz alta, palpitando de energia. Quando me veem sentado, calado, olhos semicerrados, param e me olham de novo. Mas, quando pensam a respeito, faz sentido. Estou reservando alguns minutos dedicados apenas à minha mente.

A meditação é algo pessoal, por isso não existe um jeito certo ou errado de praticá-la. Mas você também não pode simplesmente dizer para alguém ir meditar e esperar que a pessoa saiba automaticamente o que fazer. Então vou contar o que funciona para mim. Encontro um lugar sossegado onde eu estiver – provavelmente o quarto de um hotel – e me sento, em geral no chão. Li em algum lugar que é preciso meditar com as costas eretas para não cair no sono, então tento manter a coluna alinhada.

Depois fecho os olhos e tento silenciar os pensamentos e todas as outras distrações ao redor. Carros na rua, o zumbido do ar-condicionado. É muito mais difícil do que se imagina, especialmente quando você medita pela primeira vez. Sempre me espanto com a quantidade de pensamentos ao mesmo tempo que circulam pela minha mente. Acho que ajuda focar na respiração pelo nariz e, embora a meditação não deva ser multitarefas, é interessante visualizar toda a energia *chi* avançando para dentro do corpo. Pensamentos rodopiam pela mente e às vezes sigo uma cadeia de pensamento. Quando isso acontece, expulso o pensamento da mente (li isso em algum lugar) e volto a focar na respiração.

A meditação me relaxa de um jeito energético – não como o relaxamento do sono. Eu me sinto muito desperto e aberto, os meus sentidos (todos os seis) ficam em estado de alerta. A minha mente se sente muito clara e tranquila. Tento permanecer nesse estado de calma mental o máximo possível.

A maioria das pessoas tem medo de falar para grupos, no trabalho, na escola, em qualquer lugar. Então imagine como você se sentiria, nos bastidores, sabendo que logo precisará entrar no palco e falar para oitocentas pessoas. Muito assustado, certo? Agora você entende por que precisei encontrar um jeito de relaxar.

Para mim, meditação é concentração. É ficar centrado, sentado num lugar sem distrações e priorizar a minha mente. É dialogar comigo mesmo, questionar – mas não necessariamente achar respostas. Simplesmente descobrir um jeito de ter um estado mental concentrado.

Até mesmo depois de uma meditação de dez minutos, percebo que a minha visão de mundo mudou radicalmente. Eu me sinto mais positivo, ativo, mais no controle. Os meus pensamentos parecem menos loucos e mais ordenados, como se eu tivesse encontrado soluções para as preocupações sem estar ciente disso.

Transformando o negativo em positivo

Talvez você ache que, como um entusiasta da energia positiva e dos pensamentos felizes, considero os céticos meus arqui-inimigos, com toda aquela negatividade ameaçando arruinar a energia positiva que construí durante uma apresentação. Na verdade, não. Adoro um bom cético. Adoro provar que estão errados. Outra coisa que aprendi com Uri Geller: os céticos da vida dele lhe agraciaram com muita publicidade gratuita e exposição inestimável. Ele aceita tudo o que for escrito sobre ele, seja bom ou ruim, porque está ciente de que tudo põe o seu nome em evidência no mundo. Como dizia Oscar Wilde, "Somente existe uma coisa no mundo pior do que ser falado: não ser falado."

O mágico Hillel disse algo que eu simplesmente amo: "Há duas maneiras de viver a vida. Nada é um milagre ou tudo é um milagre, você escolhe. Se quiser ser um cético a vida toda, pode ser um cético a vida toda. Acho que ser cético fecha muitas portas". É tão verdadeiro! Acredito nisso de todo o coração. Não estou simplesmente falando dos céticos que duvidam das minhas habilidades, mas daqueles que são céticos sobre a própria vida.

Desde as minhas primeiras apresentações nos *bar-mitzvás* dos meus amigos tive de enfrentar céticos. O ceticismo é universal. Quando alguém ataca o que faço, dizendo que sou uma fraude, pode ser difícil não levar para o lado pessoal. Mas isso também me dá a grande oportunidade de transformar a energia negativa dele em algo positivo. Transformo os céticos da plateia em parte da apresentação, perguntando várias vezes: "Então agora você acredita em mim?" É um desafio divertido transformar céticos em crentes. Os céticos são interessantes como tipos psicológicos, especialmente aqueles de mente veementemente fechada. Uma das coisas que adoro fazer nas minhas apresentações ao vivo é trazer os céticos para o palco. Depois que adivinho o nome do seu primeiro professor ou primeiro namorado, eles se espantam e em geral ficam muito quietos. Lembra do Professor Ootsuki, no Japão? Ele era um grande cético. Até ver a minha apresentação com o jornal. Depois consegui adivinhar oito dos dez dígitos do número do telefone dele, e ele ficou muito impressionado.

Genebra, 2009

Há pouco tempo passei por uma situação que poderia ter terminado muito mal. Nesse caso, não se tratava de céticos, mas sim negatividade e medo do mundo externo.

Eu estava na Suíça fazendo uma apresentação para a empresa de relógios Tissot e tinha planejado um ótimo espetáculo, com vários relógios funcionando e parando por toda a parte. De qualquer modo, comecei com o meu bate-papo introdutório, dizendo que era de Israel, um belo país que todos deveriam conhecer e visitar. Quando terminei de falar, três homens se levantaram, explodindo de raiva, e caminharam para a saída. Fiquei realmente surpreso. Isso jamais tinha me acontecido e eu não queria estragar o início da apresentação dizendo algo negativo. A minha mente zunia. O que eu deveria fazer? Decidi gritar, sorrindo: "Desculpem. Os aplausos de pé em geral são no fim da apresentação". A plateia riu, mas os homens não. A linguagem corporal deles era extremamente negativa. Um deles se virou e disse que iam embora porque eu era de Israel. Bem, pelo menos não era pessoal. O caso é que eles eram antissionistas de Dubai, que tinha problemas políticos com Israel. Estavam furiosos. Continuaram a ir para a saída. O público os observava, sussurrando, e de repente a política invadiu o auditório. Os níveis de energia estavam caindo.

Decidi falar: "Por favor, façam-me um favor, antes de saírem, pensem em um número de um a cem". Um deles parou de andar e concordou e, é claro, quando pedi para ele dizer o número escolhido, era aquele que eu tinha escrito. Por sorte, o homem riu. Os amigos dele riram também e o alívio tomou conta da plateia. Os três sentaram-se de novo e assistiram à apresentação, como todos os outros. Foi uma apresentação ótima, uma apresentação tremendamente positiva. Depois que os níveis de energia caíram, voltaram a subir como eu jamais havia visto. No fim do espetáculo, eu me dirigi aos três homens, me apresentei e acabamos num bar com uísques e charutos, conversando muito.

Aquele momento me deixou bastante orgulhoso, porque não foram as minhas habilidades especiais que entraram em ação. Foi saber como focar no positivo e transferir aquela energia aos outros. Foi como se eu tivesse feito algo realmente importante para as relações internacionais, numa pequena escala, é verdade, mas ainda assim importante para nós quatro. Eu abri os braços e os homens responderam. Ainda sou amigo deles e espero visitá-los em Dubai algum dia.

E agora que você está se sentindo bem positivo, vai me dar o prazer de ler a sua mente? Siga atentamente as instruções.

Escolha qualquer número de dois dígitos, de 10 a 99. Não diga a ninguém. Some os dois dígitos do seu número e depois subtraia a sua resposta do número original. Por exemplo: escolha 28, some 2 + 8 = 10. Subtraia 10 do seu número original, 28, e obtenha 18. 18 é o seu número final.

Então escolha um número e faça a conta. Você tem um número final? Ótimo. Não sei se você percebeu, mas cada um dos números das páginas deste livro tem um símbolo ao lado. Vá até o número da página que corresponda ao seu número final e olhe atentamente para o símbolo. Daqui em diante este será o SEU símbolo, então memorize-o e não o esqueça. Prometo que voltaremos ao assunto mais tarde. Adivinhe! Eu vou ler a sua mente. Agora pode continuar a leitura.

SEIS

Confie na sua intuição

A mente intuitiva é um dom sagrado e a mente racional é uma serva fiel. Criamos uma sociedade que honra a serva e esquece o dom.

ALBERT EINSTEIN

Já passou pela experiência de uma música estar na sua mente e, ao ligar o rádio, a mesma música estar tocando? Ou você pensa em alguém e a pessoa lhe envia um e-mail? E aquele momento em que o telefone toca e você sabe quem é antes de atender? Todo mundo já passou por isso: chama-se "identificador de chamadas".

Mas, falando sério, a intuição sempre desempenhou um papel importante na minha vida. Até mesmo quando eu tinha uns quatro ou cinco anos, a minha mãe observava que eu frequentemente parecia saber o que ela estava prestes a me dizer. E não me refiro simplesmente a "Vá para o quarto, Lior". Em geral ela estava pensando em alguma coisa e então eu lhe fazia uma pergunta a respeito, embora não estivesse relacionada a nada que estivesse acontecendo ao nosso redor. Ou eu entrava na cozinha e ela me contava alguma novidade, então eu balançava a cabeça e dizia: "Eu sei". Tenho certeza de que era meio estranho para ela, especialmente no início, mas era parte de quem eu era – e ainda sou –, então eu não dava tanta importância.

Eu também sempre sabia quando as pessoas estavam mentindo. Naquela época eu não tinha lido nenhum livro que agora leio sobre linguagem corporal, expressões faciais e movimentos visuais. Naquela época eu simplesmente sabia. Era um pressentimento. Da mesma forma, eu sabia imediatamente se alguém era confiável. Às vezes eu pensava em alguém que não via há muito tempo e então a pessoa logo aparecia. Talvez o rosto de alguém surgia na minha mente e o telefone logo tocava com a pessoa do outro lado da linha. Ou uma música tocava na minha mente e, quando eu ligava o rádio, lá estava a música. Coisas assim acontecem com todos nós o tempo inteiro. Mesmo sem identificador de chamadas. Mas, para mim, esses momentos intuitivos eram constantes: oito, nove, dez vezes ao dia, todos os dias.

Então o que quero dizer quando uso a palavra "intuição"? Basicamente, acho que é um jeito de saber algo sem passar pelo processo de raciocínio consciente. Saber sem saber como você sabe. Chegar a uma conclusão sem um motivo lógico. É o tipo de *insight* e informação adquiridos não somente pelo uso cotidiano dos meus cinco sentidos, mas por uma colaboração inconsciente de todos os seis sentidos. A intuição me proporciona a habilidade de ter consciência e acessar áreas mais amplas de informação e comunicação, e é o que me guia ao fazer previsões e escolhas precisas.

A intuição é parte da experiência cultural em vários lugares do mundo. Os nativos americanos buscam e conversam com espíritos da natureza. Os iroqueses veem a própria tribo como um corpo, considerando os batedores enviados na frente da tribo como olhos e ouvidos que retornam fotografias intuitivas ao resto da tribo. Acho que, nas sociedades desenvolvidas, perdemos o nosso senso de intuição de duas formas. Primeiro, evoluímos com uma tendência ao racional – não conseguimos explicar, não estamos interessados. Segundo, a maioria das crianças é muito intuitiva ao nascer. Elas são abertas a tudo e não têm consciência de onde terminam enquanto indivíduos e onde o resto do mundo começa. À medida que crescem, elas veem os valores que a sociedade atribui ao racional, ao concreto, ao tangível – e aprendem a desprezar a intuição, abraçando a escola de pensamento "ah, não passa de coincidência, não quer dizer nada". É triste.

Até mesmo a teoria de que as mulheres têm uma intuição altamente desenvolvida não é necessariamente verdade. O fato é que as mulheres são melhores para ler a comunicação não verbal do que os homens, portanto tendem mais a perceber as mensagens emocionais transmitidas pelos outros, parecendo, assim, mais intuitivas. Mas em pesquisas realizadas por William Ickes, testando a intuição em homens e mulheres, o desempenho de ambos os sexos foi igual – exceto quando avisavam às mulheres que a sua consciência empática estava sendo testada. Nesse caso, elas se lembravam do estereótipo sobre as mulheres e a intuição, e o seu desempenho se tornava melhor do que o dos homens!

Mesmo assim, embora estejamos cada vez menos conectados com as nossas intuições, todos nós explicamos decisões usando as palavras "Tive um palpite" ou "Fui com o meu instinto" ou simplesmente "Eu soube de cara". Quando temos um palpite é comum sentirmos algo especial no corpo: como se o nosso corpo estivesse enviando um sinal. Isso pode ser bastante útil para reconhecer esses sinais e aumentar a nossa compreensão do significado do palpite. Eles são diferentes em cada pessoa.

Como localizar sentimentos

Pense em algo ou alguém que você deteste.

- Como você se sente? Alguma sensação no seu corpo o alerta? Onde? Como é?

- Você tem uma imagem desse objeto ou pessoa nos olhos da sua mente? Como é? Um quadro único ou imagens contínuas como um filme? Em preto e branco ou coloridas?

- Converse consigo mesmo – na sua mente – sobre o seu desagrado em relação a esse objeto ou pessoa em particular e observe o seu tom de voz, o ritmo da sua fala etc.

Agora pense em algo que você ame.

- Observe as sensações no seu corpo e como elas são diferentes das sensações de "desagrado".

- Visualize o objeto com os olhos da sua mente e converse consigo mesmo sobre ele. Observe quaisquer diferenças.

Agora que você conhece o padrão do seu corpo para gostos e desagrados, coisas que parecem certas e coisas que parecem erradas, observe e aja de acordo com esses sinais.

A intuição desempenha uma função importante quando estou lendo mentes. Quando digo a alguém que vou adivinhar o nome do seu primeiro namorado, a pessoa começa a transmitir sinais assim que pensa no nome. Alguns deles podem ser lidos como linguagem corporal, mas outros vêm da mente. Às vezes vejo fotografias, uma imagem ou uma carta. Às vezes não estou certo do que vejo; é um simples sentimento sobre uma letra ou um nome. Um simples palpite. É aí que entra a minha intuição. Eu a uso com as minhas habilidades mentais e a minha leitura da linguagem corporal da pessoa. Enquanto pergunto sobre o nome, vejo e sinto mais do novo cenário de sinais que a pessoa envia. É meio como um jogo de xadrez, como uma decodificação. Às vezes sei imediatamente o nome completo sem perguntas. Para mim, isso é pura intuição. O nome chega à minha mente como um sentimento. Depois eu o confirmo, passo a passo. Em outras ocasiões, recebo sinais misturados e preciso escolher, usar o meu instinto e, por fim, usar a minha intuição para tomar uma decisão.

No ano passado fui o mestre de cerimônias de um grande evento em Los Angeles. Eu queria adivinhar o nome do primeiro namorado de alguém, e o prefeito, Antonio R. Villaraigosa, se candidatou e me desafiou. Ele estava muito empolgado. Tinha um nome em mente e estava convicto que eu jamais adivinharia. Fiz as perguntas a ele, via letras, mas nenhuma fazia sentido. Escrevi as letras e olhei para a palavra. Aquilo era um nome? A minha intuição me gritava que eu tinha razão, mas o meu cérebro racional estava em dúvida. Perguntei o nome ao prefeito. "Aurora", ele respondeu. Ergui o meu cartaz com o nome "Aurora" escrito. Eu estava certo. Antes disso, eu nem sequer sabia que aquele nome existia.

A intuição não é bem compreendida. A ciência a examinou com ceticismo e – o que é uma pena – existe pouquíssima pesquisa sobre o assunto, apesar do número absurdo de histórias e anedotas que parecem confirmar a sua existência. Quando falo em intuição não me refiro somente a mim! Posso garantir que você ou os seus amigos já vivenciaram ao menos um exemplo de intuição em ação:

- Sentir que alguém está olhando para você, virar-se e constatar que é verdade.
- Acordar alguns minutos antes de o despertador tocar, não importa a hora que você tenha programado.
- Sentir que alguém conhecido está com problemas ou em perigo.
- Agir baseado num presságio e depois descobrir que estava certo.
- Saber o que alguém vai dizer antes que a pessoa diga ou completar a frase de alguém.
- Telefonar para alguém exatamente na hora que a pessoa está telefonando para você.
- Sonhar com um evento antes que ele ocorra.

Muito pouca evidência sobre a intuição foi documentada, mas considere estas estatísticas. As taxas de vacância nos quatro aviões que colidiram em 11 de setembro de 2001 foram altíssimas. Os aviões que atingiram as Torres Gêmeas estavam 74% e 81% vazios. Apenas 64 dos 289 assentos estavam ocupados no avião que atingiu o Pentágono. É como se várias pessoas tivessem cancelado os voos naquele dia. Com base na intuição? Há relatos de pessoas cancelando as passagens do *Titanic* sem motivo algum a não ser um palpite ou pressentimento de que algo não estava certo. Alguém documentou acidentes ferroviários nos Estados Unidos na década de 1950 e constatou que os trens que se acidentaram tinham muito menos passageiros do que aqueles que não se acidentaram. Para mim, parece mais uma questão de palpites e cancelamento de passagens.

Uma pergunta para você:

Você já teve *déjà vu*?

Uma pergunta para você:

Você já teve *déjà vu*?

Nos últimos anos, aceitei vários trabalhos em que a minha função principal não foi a de animador. Fui solicitado a usar as minhas habilidades de mentalista de outras formas. Fui contratado por políticos, celebridades e empresários – por motivos de sigilo, não posso citar nomes – para assistir a reuniões e falar sobre as pessoas presentes na reunião.

Particular e confidencial, 2010

O Sr. XXX e a Sra. XXX me convidaram para uma reunião. Estou numa sala de conferências num moderno arranha-céu de uma capital. Janelões do chão até o teto e arte moderna vibrante exibida nas brilhantes paredes transmitem a sensação de luz e otimismo. Em torno da polida mesa branca de conferências está um grupo de empresários, todos bem-vestidos, altamente inteligentes e experientes. Conversam desajeitados em meio a fichários repletos de papéis de aparência importante. Uma mulher amável de cabelo grisalho curto me apresenta, e eu sorrio com entusiasmo e aperto algumas mãos. Peço a um homem vestindo uma gravata azul-escura para pensar em um número de um a cem. Ele faz uma cara feia para mim, surpreso, mas não muito feliz. A mulher ao lado dele ri e lhe diz: "Talvez você precise de mais um café". Ele sorri com lábios finos. "Eu vou fazer", diz a mulher para mim. "Adoro essas coisas." Após algumas demonstrações das minhas habilidades, homens e mulheres parecem mais relaxados. A conversa flui com mais facilidade. Eles riem. Uma das mulheres me chama de "quebra-gelo oficial". A reunião começa e eu me sento à ponta da mesa, ouvindo, assentindo e contribuindo com alguma ideia de vez em quando. Quando a reunião acaba, todos se cumprimentam e saem da sala. Mais uma reunião de negócios chega ao fim.

Eu, porém, continuo na sala de conferências, pensando e admirando a cidade agitada lá embaixo. Na minha mente, estou revendo a reunião, passando as sensações instintivas, relendo as minhas anotações. O meu objetivo na reunião era duplo. A minha função visível: quebrar o gelo e conduzir a reunião a um início positivo. E a minha função invisível: ler os visitantes por dentro e por fora.

A minha cliente quer saber se deve considerar o investimento na proposta de negócios da equipe visitante ou não investir. O meu trabalho não é prestar consultoria empresarial, e sim contar a ela as minhas constatações sobre as pessoas à mesa com base em todas as minhas habilidades combinadas – especialmente a minha intuição. Eu uso a intuição como uma leitura final em tudo o que os meus outros cinco sentidos me dizem. E hoje o meu palpite é que alguém àquela mesa é incrivelmente desonesto. Na verdade, fico fisicamente desconfortável, porque acho que as outras pessoas do grupo não sabem disso. Das seis pessoas que apresentaram a proposta hoje, cinco são basicamente honestas e acreditam no próprio produto, e uma pessoa não é honesta, muito menos acredita – e tal pessoa pode arrastar os outros ladeira abaixo. Informo a minha cliente, assim ela fica ciente.

Quando dou aos clientes a minha avaliação sobre uma situação, deixo que eles decidam o que fazer com a informação. Muitas vezes não sei se eles agiram de acordo com a minha informação. Mas, com o passar dos anos, também já recebi telefonemas, às vezes um ou dois anos depois, que confirmaram os meus pensamentos. Em nove de dez vezes, nesses casos, a minha intuição provou estar certa.

Para mim, esse sentido de saber vem de dentro. Sim, os meus estudos de linguagem corporal significam que posso olhar para alguém e talvez saber mais sobre a pessoa do que uma pessoa comum saberia. Pratiquei muito e tive várias oportunidades para testar. Mas o ponto da virada, o que me dá realmente certeza, vem de dentro. Sempre.

A mente nunca para de me impressionar com o seu poder. Aqui, a evidência está na sua capacidade de processar informações e transmiti-las de tantas maneiras que nem sequer percebemos.

Algumas maneiras podemos racionalizar, outras não. Acredito que a chave para usar a intuição é usá-la como um complemento – não uma substituta – dos outros cinco sentidos básicos. Acho que a intuição não flutua sozinha convenientemente pela janela. Ao contrário, ela chega de mãos dadas com os nossos pensamentos conscientes como uma dimensão extra que ajuda a esclarecer e fortalecer o nosso pensamento puramente racional.

Talvez você conheça o livro *Blink*, de Malcolm Gladwell. É um livro sobre instinto, sobre a forma pela qual o nosso cérebro pensa com incrível rapidez para tomar decisões que podem ser tão boas quanto decisões tomadas após meses de análise e pesquisa. Essa incrível capacidade de processar informações e chegar à conclusão correta com apenas um pouco de observação e sem consciência do processo é conhecida como "fatias finas". Por exemplo, Gladwell nos fala sobre uma estátua grega que foi identificada corretamente como falsa por alguns especialistas em segundos, embora todos os testes científicos e opiniões de especialistas compilados durante meses tenham sugerido o contrário. Aqueles que "simplesmente sabiam" que a estátua era falsa usaram fatias finas para julgar.

Gladwell não gosta de usar a palavra "intuição" ao descrever esse tipo de tomada de decisão, considerando a intuição algo emocional e irracional. Ele prefere a palavra "instinto", que acredita representar melhor as fatias finas como um processo de pensamento completamente racional e acelerado. Para mim, entretanto, a intuição avança um passo além do pensamento racional. É racional mais um. Cinco sentidos mais um. Eu acolho o poder do meu pensamento racional para entrar em contato com o meu lado intuitivo. Somente aí envolvo a minha intuição conscientemente, fazendo perguntas dela para acioná-la.

De todas as minhas apresentações de mentalismo, percebi que uma dá o que falar. São as previsões esportivas. Não as faço com frequência porque são incrivelmente difíceis e somente consigo fazê-las quando as sinto, não por encomenda. Mas previ o placar do primeiro tempo de um jogo de basquete da NBA, Sacramento Kings vs. Milwaukee Bucks. Antes do jogo, anotei a minha previsão num rolo de papel enorme e, na frente de outras pessoas, tranquei o papel dentro de um cilindro, dentro de uma caixa, que depois tiraram de mim. O placar do primeiro tempo foi Kings 48 – Bucks 49. Diante de uma multidão de vinte mil pessoas e filmado de perto por câmeras da TV, destranquei a caixa, tirei o cilindro e puxei o rolo. Naquele contexto de grande expectativa, desenrolei o papel e revelei a minha previsão em grandes letras pretas: PLACAR DO PRIMEIRO TEMPO: KINGS VS. BUCKS 48-49. A multidão enlouqueceu. As pessoas me perguntam muito sobre essa previsão. É uma previsão aberta? Como eu poderia persuadir dois times de basquete a chegar a esse placar?

Vou explicar o meu processo. Primeiro visitei os dois times em seus vestiários e conversei com os jogadores, olhei para o rosto deles e apertei suas mãos. Também estudei as estatísticas de cada jogador. Depois de tudo isso, sentei-me e meditei um pouco, evocando a minha intuição. Depois, escrevi os números 48 e 49. Após conseguir todas as informações possíveis sobre os times e seus jogadores, liberei a minha intuição e usei o meu instinto. Mas o importante é que permiti que a minha intuição fosse guiada pela minha preparação meticulosa. Elas trabalharam de mãos dadas.

VEJA NA ÍNTEGRA A REVELAÇÃO DA MINHA PREVISÃO E A MULTIDÃO ENLOUQUECER EM CLM11.VOZES.COM.BR

Estou desenvolvendo outro número agora que usa alguns dos mesmos princípios. Ainda não o exibi publicamente, mas treinei muito em particular e espero apresentá-lo em um programa de televisão em breve. Imagine um jogador de beisebol batendo na bola em qualquer lugar que ele queira no campo. E depois me imagine de pé atrás do jogador, segurando um esboço do campo desenhado num cartaz branco. Dois segundos antes de o jogador dar a tacada, marco uma cruz no campo desenhado, prevendo onde a bola aterrissará. E, todas as vezes em que o jogador bater na bola, ela irá exatamente para o lugar marcado com a cruz. Seria muito legal, não acha?

Eu já fiz isso em Israel com jogadores de futebol chutando a bola no gol e não vejo a hora de tentar com beisebol. Eu uso as mesmas técnicas mentais da minha previsão na NBA, lembrando que, por fim, depois de ter levado em conta outros fatores, eu uso a minha intuição.

Tive a sorte de nascer com um sentido de intuição altamente desenvolvido, mas também tive a sorte de não o ignorar. Era interessante demais. As pessoas podiam dizer que tudo era uma coincidência. Quando as pessoas telefonavam depois de eu acabar de pensar nelas? Coincidência. Adivinhar corretamente quando alguém estava mentindo? Coincidência. Adivinhar um número de um a dez e acertar sempre? Coincidência. Quanto mais acreditamos em coincidências, menos acreditamos na intuição. Eu não acredito em coincidências. (Você acredita em coincidências? Sério? Que coincidência!)

Desenvolva a sua intuição

Acho que todos nascemos com intuição e todos temos graus variados de intuição – mesmo se não a escutarmos. Apenas precisamos ficar cientes dela e reaprender a usá-la. Quanto mais for reconhecida, mais forte e precisa se torna. Então vejamos algumas formas de aumentar e desenvolver a nossa intuição.

- Acredite nela. Para que a sua intuição funcione, é preciso reconhecer que ela existe e que você está desejando levá-la a sério.

- Pratique a meditação. Ou pelo menos pare de ser louco por dez minutos ao dia para deixar a sua intuição falar com você.

- Abra-se para o mundo à sua volta. Esteja aberto a situações recorrentes e padrões com números.

- Anote as coincidências. Como sempre digo, coincidências não existem – as coisas acontecem por um motivo.

- Questione decisões e escolhas. Isso permite que a sua intuição participe dos seus pensamentos racionais. Não funcione no piloto automático. Questione, questione, questione. Lembre-se: não existem perguntas estúpidas.

- Ouça o que o seu corpo lhe diz. O seu estômago dá um nó quando encontra alguém? Algo faz você se sentir otimista e energizado?

- Reconheça a importância do seu nível de energia. Se a sua energia aumentar quando associada a uma escolha e diminuir quando associada a outra escolha, leve isso em conta.

- Reserve alguns momentos toda manhã para pensar nos seus sonhos. O seu subconsciente tem muito a dizer e faz muito mais sentido do que você imagina.

- Anote as situações em que a sua intuição trabalha para você – e quando não trabalha. Quanto mais alerta você estiver, melhor ficará ao reconhecer e seguir a sua intuição.

- Seja paciente. Às vezes os resultados das suas escolhas intuitivas não são imediatos.

Às vezes a minha intuição se manifesta durante uma apresentação e me faz mudar um segmento inteiro porque de repente percebo que a pessoa escolhida para aquela parte da apresentação não é a certa. Com os céticos, por exemplo, há aqueles que estão dispostos a ter as próprias ideias desafiadas. Esses céticos realmente querem ver a prova das minhas habilidades para que possam acreditar nelas. E há os que são completamente fechados. Se eu os fizesse levitar pelo palco, ainda assim não acreditariam em nada. A minha intuição me diz com que tipo estou lidando e se vale a pena envolvê-los na minha apresentação. Mas, às vezes, a minha intuição sobre o tipo de pessoa não engata até eu interagir com a pessoa em questão por alguns minutos, e é aí que eu preciso estar realmente consciente para saber mudar a minha abordagem.

Quando comecei como mentalista tinha muito a aprender, especialmente sobre o modo de me apresentar. No início eu adivinhava o número ou o nome de alguém e os anunciava à plateia. Depois eu confirmava com a pessoa. Às vezes ela negava e dava outro nome ou número, parecendo que eu tinha errado. Era desconcertante e frustrante. Decidi que usaria a minha intuição para descobrir quem seria honesto durante a apresentação e não mudaria o nome ou número em que houvesse pensado. Em geral funcionava. Mas depois fiquei mais esperto e pedia que o convidado respondesse antes para que eu confirmasse. Agora apenas uso a minha intuição quando realmente preciso.

A minha intuição vem a calhar não somente nas minhas apresentações. Como mentalista, recebo todos os tipos de convites para eventos diversos, grandes e pequenos, particulares e públicos, em todos os cantos do mundo. Às vezes é difícil saber quais são os melhores para aceitar. Eu me lembro de um caso em especial em que era quase impossível tomar uma decisão. Eu estava na Alemanha, fazendo muitas apresentações que tinham demorado para se concretizar e estavam indo muito bem. De repente, recebi um telefonema de um empresário americano bilionário. Ele estava apresentando um evento enorme em Israel e queria que eu me apresentasse lá. Na semana seguinte. Mas eu estava na Alemanha e já agendado para outro espetáculo na noite do evento.

Assim que dispus de alguns minutos, eu me sentei para ouvir a minha intuição. A minha mente racional já tinha ponderado a situação: eu sabia que ir ao evento empresarial seria uma oportunidade importante que poderia resultar em outras oportunidades. Mas também sabia que eu tinha me comprometido com as apresentações na Alemanha e não queria decepcionar os lugares nem o amigo que ajudou a conseguir as apresentações, principalmente. A minha mente racional estava pensando da forma que nos ensinam em administração de empresas: com gráficos de vantagens, desvantagens e conclusões. Mas sempre que eu chegava a uma conclusão, começava a pensar no problema de novo. Eu ainda não tinha decidido. A minha mente rodopiava. Foi então que decidi ouvir o meu instinto.

O meu instinto era muito claro sobre a questão. Ele dizia: "Vá para Israel e se apresente lá". Eu ouvi outra vez e aquela sensação ainda estava lá. Sem oscilação ou dúvida. A minha intuição estava calma e resolvida. Eu iria para Israel. O interessante é que, tão logo tomei a minha decisão, ouvindo a minha intuição, fiquei feliz. Eu sabia que era a coisa certa a fazer.

A primeira coisa que procurei fazer foi garantir que ninguém na Alemanha se decepcionasse. Telefonei para um grande amigo em Israel, Amir Lustig – um colega mentalista –, e perguntei se ele poderia se apresentar no meu lugar no último espetáculo. Ele é um animador fantástico e eu sabia que a sua apresentação seria incrível, então consegui avisar aos meus amigos alemães que tinha encontrado um substituto excelente para o meu último espetáculo. E consegui ir para Israel com a consciência tranquila e encontrar o empresário – que depois foi prestativo para conseguir a minha apresentação em Las Vegas.

Mas nem sempre as coisas funcionam assim. Alguns anos atrás tive a possibilidade de me apresentar num grande espetáculo em Nova York, na virada do ano, ganhando muito dinheiro. Estava feliz com a ideia. Os meus agentes adoraram. Mas, por algum motivo, eu não parava de ter a sensação de que deveria recusar a apresentação em Nova York e fazer outra coisa. Uma importante jornalista alemã havia me convidado à sua casa naquela noite para uma apresentação particular – de graça – e eu estava convicto de que era o certo a fazer. Mas não sabia por quê. Quando eu pensava de modo puramente racional, parecia óbvio que eu deveria aceitar o trabalho em Nova York. Mas, sempre que eu tomava essa decisão, ficava inquieto. Num grau mais profundo, eu sabia que estava errado. E sempre que eu me fazia perguntas racionais sobre as decisões e depois buscava a resposta na minha intuição, sabia que o certo era ir para a Alemanha.

Assim, contra os conselhos dos meus agentes, recusei o evento de Nova York. Fui para a Alemanha, pegando um voo de Frankfurt para Berlim. E, como era véspera de Ano-novo, eu, meus dois amigos, meu agente, o piloto e os comissários éramos os únicos no avião. Tenho uma foto do avião vazio. Seria uma história ótima se eu pudesse dizer que fui à festa, me apresentei, conheci algumas pessoas famosas e fabulosas e criei dez oportunidades para mim – tudo por ter ouvido a minha intuição. Mas o engraçado é que nada aconteceu. Sim, fiz uma apresentação incrível, conheci pessoas legais e me diverti bastante. Mas isso acontece muito. Nada além aconteceu para que eu entendesse por que fui para a Alemanha naquela noite, e não para Nova York. Mas não me arrependo da minha decisão. Um dia algo acontecerá, eu vou me lembrar e dizer: "Agora entendi. A minha intuição estava certa o tempo todo".

Assim como acredito que a nossa mente é mais poderosa do que podemos entender, também acho que quase todos podem melhorar a vida se ficarem mais próximos da própria intuição. É uma parte importante de sair do piloto automático e levar a nossa mente a funcionar como pode. A intuição é uma daquelas coisas sobre as quais somos preguiçosos, agindo como sempre agimos, pensando que talvez acreditemos na intuição, mas na verdade nada fazemos com ela. Pensamos na intuição uma vez ou outra, quando surge uma daquelas "coincidências", e depois esquecemos de novo. Ao contrário, precisamos ser conscientes sobre a intuição. Evocá-la quando necessário e não esperar que ela apareça e nos dê um tapinha no ombro. Sei que a intuição definitivamente melhora com a prática. Então, gostaria de mostrar dois jogos divertidos para você adquirir o hábito de acionar a sua intuição.

Luz vermelha – Luz verde

- Imagine um semáforo na sua mente. Ao ver a luz vermelha, pense na palavra "não". Agora pense na luz verde e pense na palavra "sim".
- Agora você vai aplicar a luz vermelha ou verde às perguntas que fizer a si mesmo.
- Faça perguntas que tenham respostas "verdadeiras ou falsas" ou "sim ou não", como "Eu sou destro?" ou "Eu gosto de *sushi*?" Observe qual é a cor do semáforo aos olhos da sua mente. Vermelha ou verde?
- Depois, experimente algumas afirmações simples e observe a cor do semáforo de novo após cada frase. "Eu moro em Idaho." "Sou vendedor de carros usados."
- Já que você tentou o básico, veja se consegue aplicar algumas instruções erradas simples. Comece dizendo o seu nome: "Sou Lior". Depois, chame a si mesmo com um nome diferente: "Sou Peter". As cores aos olhos da sua mente mudaram?
- Pratique sempre que puder, porque isso ajudará você a desenvolver as suas habilidades intuitivas e confiar nelas.
- Experimente as suas novas habilidades em situações que você não saiba a resposta. Anote os seus resultados, se possível.

Tente uma leitura às cegas

- Sente-se a uma mesa com três fichas em branco.
- Concentre-se numa escolha que você esteja prestes a fazer e anote três soluções para a escolha, uma em cada ficha.
- Depois, vire as fichas para que as anotações fiquem escondidas e embaralhe-as. Coloque as fichas uma ao lado da outra na mesa, ainda viradas para baixo.
- Passe as mãos sobre as fichas, tocando-as levemente com as pontas dos dedos, observando a sensação de cada uma.
- Dê um número para cada ficha, levando em conta o quanto você se sente atraído. Se você numerar até cem, sendo cada número um percentual, pode ficar mais fácil para comparar os números.
- Vire a ficha com o maior percentual – esta será a sua escolha.

Como se saiu com essas técnicas? Tenho uma forte sensação de que a sua intuição está se desenvolvendo muito bem.

Las Vegas, 2011

900 PESSOAS

Aqui estamos nós de volta ao meu grande espetáculo. Fiz todos os tipos de coisas impressionantes. Jane escolheu um número de um catálogo que correspondia ao número criado pelas mulheres que embaralharam os cartões; transferi energia *chi;* e Blake ainda está com a nota de $ 5 e o rolo. E ninguém tocou no dinheiro.

E agora, no centro do palco, grito: "Cadê o dinheiro?" Como antes, Blake grita, "O DINHEIRO ESTÁ AQUI!" Ele foi um ótimo participante. "Bem, agora preciso dele aqui", digo. "Suba." Blake já está na metade do caminho para o palco, rumo à escada, pronto para ajudar. A plateia o cumprimenta, reagindo à sua energia bondosa.

"E então? Alguém tocou no dinheiro?", pergunto.

Ele balança a cabeça para os lados, segurando orgulhosamente a nota de $ 5. Eu rio. "Eu toquei no seu dinheiro?" Ele faz que não com a cabeça e exagera no gestual, afastando a nota de mim. "E você ainda tem o rolo. Ótimo. Agora vamos fazer uma coisa legal. Desdobre a nota, mas não a dê para mim, tudo bem?"

Blake segue exatamente as instruções.

"Você tirou essa nota da sua carteira no começo da apresentação e a está segurando na mão desde então?"

Blake assente com a cabeça.

"Você pode me dar o rolo? Escrevi algo nele antes da apresentação." Blake o passa para mim e eu começo a desenrolá-lo devagar.

"Todas as notas do mundo têm o seu número de série exclusivo e especial", eu explico ao público, que está quieto, atento, observando todos os meus movimentos. "Blake, quero que dê uma olhada na sua nota e leia em voz alta o número de série. Apenas os primeiros sete números."

Levanto o rolo desenrolado para que todos vejam. Há um número escrito nele. As pessoas na plateia estão inclinadas para a frente, rostos voltados para o palco. Blake olha para a sua nota, encontra o número de série e começa a ler. Devagar e claramente, ele diz: "Quatro, seis, quatro, nove, seis, sete, dois". A partir do segundo número, as pessoas estão dizendo "Não... Não..." cada vez mais alto e, no sétimo número, a plateia já enlouqueceu. O número no rolo corresponde ao número na nota de Bill. As pessoas aplaudem muito, comentando com quem está ao lado, todas impressionadas. Blake está pulando no palco ao meu lado, gargalhando de espanto.

Deixo a animação continuar enquanto ponho o rolo de lado, depois levanto a mão, sorrindo. "Quais são as chances disso?", pergunto. "Que eu preveria o número de série da sua nota?" As pessoas ainda estão aplaudindo. "Mas esperem", falo. "Vocês lembram que Jane veio a este palco e escolheu um número de telefone aleatoriamente do catálogo? E depois as senhoras ali escolheram exatamente o mesmo número ao embaralhar os cartões? Bem, esse número está no painel."

Vou até o painel e começo a virar as páginas. "Blake, quero que você leia em voz alta o número que era o número de série na sua nota de $ 5 e correspondia ao número no rolo."

À medida que Blake relê o número em voz alta devagar, mostro a página no painel com o número de telefone escolhido por Jane.

Blake começa a ler, "Quatro, seis, quatro", mas o resto é abafado pelos gritos da plateia. Eles já conseguem ver que o número no rolo e o número no painel são exatamente os mesmos. A plateia explode. Estão todos de pé, aplaudindo, vibrando, gritando, sapateando, assoviando. Estou sendo ovacionado de pé infinitamente e a apresentação ainda nem terminou.

Ao meu lado, Blake pergunta: "Cara, como você fez isso? Bate aqui!"

SETE

Ficando criativo com o pensamento

Não deveria ser difícil parar às vezes e olhar para as manchas na parede ou as cinzas do fogo ou as nuvens no céu ou até a lama, onde é possível encontrar ideias realmente maravilhosas.

Leonardo da Vinci

Quando uma empresa conhecida desejava preencher um cargo sênior, apresentava aos candidatos este cenário como parte do processo de entrevista: você está dirigindo numa noite de tempestade quando vê três pessoas num ponto de ônibus: uma senhora idosa que parece estar a ponto de morrer, o homem/a mulher dos seus sonhos e uma médica que certa vez salvou a sua vida. Você somente pode levar um deles no seu carro. Quem você escolheria e por quê? Você demonstrará compaixão, escolhendo a senhora, talvez lealdade, escolhendo a médica? Uma natureza romântica, escolhendo a pessoa dos seus sonhos? Ou você, de fato, estaria demonstrando egoísmo? Então, quem o candidato vencedor escolheu? A resposta é... Ninguém. Ele escolheu dar as chaves do seu carro à médica para que ela levasse a senhora a um hospital enquanto ele esperava o ônibus com a mulher dos seus sonhos. O teste era um teste de personalidade ou uma forma de buscar pensadores criativos? Como você se saiu?

Existe uma lenda urbana que eu adoro. É assim: a Nasa gastou milhões de dólares para criar uma caneta fantástica que escreve em gravidade zero, de cabeça para baixo e em temperaturas extremas, a famosa Caneta Espacial. Os russos simplesmente não tinham a mesma verba, então usaram lápis... Embora os fatos não sejam reais, a história dá o que pensar, certo?

Eu penso muito. Uso a minha mente o tempo todo, seja para persuadir, ler mentes, aproveitar o poder da energia *chi* ou evocar a minha intuição. Eu paro relógios e entorto moedas, adivinho aniversários e primeiros namorados, faço pessoas escolherem palavras em idiomas que nem sei ler. Uma pergunta que muita gente me faz é: "Você acha que usa mais de 10% do seu cérebro?" É um daqueles assuntos da ciência cerebral que as pessoas parecem gostar. Quando me perguntaram isso pela primeira vez, a minha resposta foi: "Sim, definitivamente. Quero dizer, consigo sentir os meus neurônios se conectando em toda parte o tempo inteiro". Mas depois comecei a pensar no assunto. Para começo de conversa, por que as pessoas acham que usamos somente 10% do cérebro? É possível? Realmente não usamos 90% do cérebro que podem ser acessados e ficarem ainda mais incríveis? Então li a respeito e na verdade essa ideia é 100% mito. Pesquisadores do cérebro demonstraram que a maioria das diferentes regiões do cérebro é continuamente ativa e que usamos todo o cérebro em algum momento todos os dias. É claro que não usamos 100% do cérebro 100% do tempo. Algumas áreas cerebrais funcionam simplesmente para nos manter conscientes, enquanto outras partes são recrutadas durante tarefas específicas.

Mas eu não conseguia parar de pensar sobre essa questão. Refletir sobre o quanto usamos do nosso cérebro acelerou os meus neurônios. Se a ciência nos diz que todos nós usamos todo o nosso cérebro, isso significa que não temos grandes áreas sem acesso esperando ser desbravadas. Ao mesmo tempo, me parece que nem sempre usamos bem o nosso poder cerebral. Algumas pessoas definitivamente conseguem acesso com mais eficácia do que outras. Como mentalista, passei a vida inteira treinando a minha mente para trabalhar com tarefas mentais específicas e acho que sei muito bem como funcionam o cérebro e a mente. Estudei tudo o que pude sobre psicologia, ciência da mente e como elas se relacionam com o comportamento humano. Sei como me concentrar, como aumentar a minha energia *chi* para ajudar o processo mental, como meditar. Acho que uso bem o potencial da minha mente. Ainda assim, há dias em que me movimento numa neblina cerebral. Dias em que simplesmente não estou pensando. Ou estou distraído. Ou cansado. Dias em que sinto como se estivesse usando apenas metade do cérebro.

Vou dar um exemplo. Fui convidado para me apresentar em uma festa particular e estou dirigindo um carro alugado, procurando uma vaga. Um dia cansativo numa cidade desconhecida. Perdi um almoço porque confundi as datas, perdi a chave do meu quarto no hotel e entrei em três ruas erradas até chegar onde estou. Entro num estacionamento, finalmente encontro uma vaga, manobro e estaciono. Enquanto saio do carro, estou pensando em desligar o rádio, pegar as minhas malas e repassar na minha mente a apresentação da noite. Quando vou trancar o carro, descubro que já está trancado – com a chave dentro. O meu coração congela. Mas não há tempo para se preocupar agora, tenho uma apresentação.

Como você acha que foi a minha apresentação naquela noite? Você deve estar achando que errei, li as mentes equivocadamente, esqueci os nomes das pessoas e em geral foi a pior apresentação da minha vida. Errado. Assim que me apresento ao público, a minha mente fica afiada, focada e consciente. O meu espetáculo não sofre nenhum arranhão. Somente quando volto ao estacionamento é que percebo que não faço ideia de onde estacionei, muito menos de como recuperar as chaves.

O que acontece nesse caso? É como se eu funcionasse com duas mentes diferentes. No estacionamento, antes da apresentação, eu estava distraído. Eu me movimentei usando reflexos automáticos. Não recrutei a minha mente ativamente. Se eu tivesse cortado todo o resto que estava passando no meu mundo e dissesse a mim mesmo: "Vamos focar" ou "vamos parar e pensar um segundo", eu não teria esquecido as chaves no carro e teria descoberto uma forma de me lembrar da vaga. Esse tipo de "não pensamento" acontece o dia todo, o tempo inteiro. Todos nós fazemos. Até você. Acho que talvez seja quando estamos usando ativamente apenas uma pequena parte do nosso cérebro, ainda que o cérebro esteja funcionando plenamente.

Agora vejamos o que ocorreu na minha apresentação. Sempre que estou de frente para o público, ativo a minha mente no seu mais alto nível e convoco conscientemente até a última gota do meu poder cerebral. O meu cérebro está totalmente carregado até a capacidade máxima, em ponto de bala. A chave para usar todo o poder da mente é recrutar ativamente todos os seus recursos, apertar o botão "liga". Sair da luz difusa da lanterna e entrar na luz certeira do raio *laser*.

Algumas pessoas, porém, parecem viver a vida toda no piloto automático. Até mesmo quando surgem oportunidades de recrutar a mente, elas se recusam, é algo que eu nunca entendi. Existe uma história na qual penso muito quando encontro alguém que se recuse a abrir a mente.

Eu estava muito empolgado para trabalhar na América pela primeira vez. Era um sonho realizado. Os meus documentos de autorização tinham sido enviados por fax para o meu visto de trabalho. Eu só precisava de uma assinatura oficial e estava pronto para partir! Estava difícil esperar na fila do departamento de vistos. Eu estava como uma criança, não parava quieto. Finalmente chegou a minha vez. Eu me dirigi ao balcão fechado por um vidro e entreguei todos os meus documentos. Cheguei para trás, esperando que a funcionária os examinasse, carimbasse e me liberasse.

"Desculpe, senhor", ela falou. "O seu visto está vencido."

Ela me devolveu o fax, desinteressada, pronta para chamar o próximo da fila.

"O que quer dizer?", perguntei, especialmente para chamar a atenção dela e permanecer no balcão.

"Vencido", ela disse, apontando para o fax. Sem explicações nem esclarecimentos.

Olhei para o documento, verificando-o rapidamente. Depois ri. "Ah, entendi", eu disse, passando o fax de volta para ela. "A data de vencimento é no ano que vem, 2008. Está borrado, mas é 2008."

A mulher simplesmente balançou a cabeça. "Senhor, é 2006. O seu visto venceu." Os seus lábios começaram a formar a palavra "próximo".

"Não, é 2008, de verdade. Veja, foi emitido no ano passado."

Ela olhou para baixo, um olhar apressado, já balançando a cabeça. "Desculpe, senhor. É 2006." O seu tom de voz agora era mais enérgico. Eu conseguia sentir os seus calcanhares batendo sob o balcão. Isso poderia levar horas. Hora de mudar de tática.

Peguei o fax e o analisei outra vez. Exatamente. Eu ri. Adoravelmente, assim eu esperava. "Veja bem, esta é a data de emissão: 2007. Então, a data de vencimento não pode ser 2006. Não faz sentido."

"Senhor, aí diz 2006."

"E a data de emissão?"

"2007."

Eu ri. Realmente era muito engraçado. "Então quero fazer uma pergunta." A funcionária olhava para mim, sobrancelhas erguidas, queixo para a frente. Não era a melhor linguagem corporal para o meu caso. "Diga-me, como é possível a data de emissão ser 2007 e a data de vencimento ser 2006? Será que voltamos no tempo?"

Eu estava esperando o vislumbre de um sorriso, mas tudo o que consegui foi: "Senhor, não posso responder a sua pergunta. A data de vencimento é 2006".

Seria inútil insistir. Eu queria ter conseguido usar o meu carisma e os meus poderes de persuasão para que a mulher dissesse: "Sim, você tem razão, parece um 6, mas obviamente é um 8". Tome o seu carimbo oficial e tenha um bom-dia." Mas a mente dela estava trancafiada.

Então, restavam duas opções. Eu poderia telefonar para o meu pai e pedir para reenviar o fax com uma cópia mais legível do formulário ou poderia pegar uma caneta e preencher de leve o seis borrado e transformá-lo num oito. O que você acha que fiz? Dica: este capítulo é sobre pensamento criativo.

O incidente me incomodou. Fico indignado com pessoas em todo o mundo que funcionam da mesma maneira sem usar a mente para pensar um pouco. É como se funcionassem numa zona que não tem lógica e definitivamente nenhuma intuição, imaginação ou criatividade. Nenhum vestígio. Receberam instruções bem limitadas e, se algo fugir ao escopo dessas instruções, elas se fecham. Não posso responder a sua pergunta. Não fui programada para isso. Todos nós recebemos uma mente incrível, um cérebro – por que não usar ao máximo?

Sempre fui um grande fã do gênio criativo Leonardo da Vinci. Era alguém que recrutava 100% do próprio cérebro diariamente. Embora ele seja mais conhecido pelas pinturas *Mona Lisa* e *A última ceia*, você sabia que ele também era um talentoso escultor, arquiteto, músico, cientista, matemático, engenheiro, inventor, anatomista, geólogo, cartógrafo, botânico e escritor? Criou mais de treze mil páginas de notas e esboços detalhados, e elaborou inúmeras outras invenções: o canhão, a metralhadora, o planador, um espeto giratório para assar carne, um sistema de canais para irrigar plantações e transportar mercadorias, o paraquedas, uma ponte móvel para o Duque de Milão, várias escadas para atacar e escalar muralhas de castelos, uma máquina de fazer espelhos côncavos, uma bomba para água de poço, um palco rotatório e um tubo inflável para flutuar na água. Dizem que inventou a bicicleta mais de trezentos anos antes de aparecer na estrada! E ele escrevia com uma escrita refletida no espelho. Veja se consegue ler:

Um mais um nem sempre são dois.

Às vezes são onze.

Caso você não tenha um espelho por perto: "Um mais um nem sempre são dois. Às vezes são onze". É um Lior Suchardismo original. Em outras palavras, as coisas nem sempre são óbvias como parecem – às vezes precisamos pensar lateralmente. Precisamos pensar num problema ou olhar para a mesma ideia a partir de dois lados.

O cérebro humano é capaz de fazer tanto e, embora eu não esteja afirmando que todos nós temos o potencial para sermos Leonardo da Vinci, acredito plenamente que todos nós temos a habilidade inata de fazer muito mais do que pensamos. Vamos sair da caixa do pensamento estreito e limitado e ver o que conseguimos. Sejamos criativos.

O que acha de algumas charadas para se aquecer? Lembre-se de pensar nas perguntas e nem sempre escolha a resposta óbvia. Em outras palavras, coloque o cérebro para trabalhar.

1) DOZE PERAS ESTÃO NA ÁRVORE, DOZE HOMENS PASSAM ALI. CADA UM PEGOU UMA PERA E DEIXOU ONZE PENDURADAS. COMO É POSSÍVEL?

2) UM ANO TEM DOZE MESES. ALGUNS TÊM 31 DIAS. QUANTOS TÊM 28 DIAS?

3) O QUE PERTENCE A VOCÊ MAS OS OUTROS USAM MAIS DO QUE VOCÊ?

1) Resposta: O nome de um dos homens era "Cada Um".

2) Resposta: Todos.

3) Resposta: O seu nome.

Agora você percebe que há muitas formas de olhar para as coisas! Siga os passos da sua mente.

Um dos desafios para mim enquanto mentalista é manter a minha apresentação atual, sempre usando as novas habilidades que desenvolvi. Quando não estou no palco, fico pensando, pensando, pensando em modos de melhorar o meu espetáculo. O que posso fazer que não tenha feito antes? O que nenhum outro mentalista fez antes? Como posso aprimorar ainda mais as minhas habilidades?

Agora que apareço em mais *talk shows*, é mais importante do que nunca encontrar maneiras de variar um pouco a minha rotina. Não quero que os telespectadores vejam as mesmas coisas sempre! Recentemente fui convidado para voltar ao *The Tonight Show with Jay Leno*. Na minha primeira participação adivinhei qual desenho Jay faria (uma nota de dólar), transferi energia *chi* entre ele e Zac Efron e adivinhei uma música na qual o líder da banda estava pensando. Nessa segunda vez queria apresentar algo novo e interessante. Mas o quê? Sentei-me e pensei, rabiscando algumas ideias no papel simplesmente para concentrar a minha mente e deixar as ideias fluírem. Não conseguia pensar em nada imediatamente, então fiz isso algumas vezes. Nada muito bom brotou na minha mente no princípio, mas eu sabia que já tinha iniciado ativamente o processo de buscar ideias, a minha mente continuaria a gerá-las enquanto eu fazia outras coisas.

Alguns dias antes do programa, soube que participaria com Kim Kardashian e decidi levar uma pilha enorme de jornais e prever qual palavra ela escolheria. Eu tinha apresentado esse número antes em vários lugares. Lembra o Professor Ootsuki? Mas, para este programa, eu queria mudar. A minha ideia surgiu por causa da palavra que eu sabia que ela escolheria. Durante o programa, dei a Kim a escolha do jornal, da página e da palavra. Quando perguntei a ela qual palavra havia escolhido, ela respondeu: "Verão". Nesta vez, eu não tinha escrito nada num papel. Em vez disso, tirei a minha jaqueta e a minha camisa branca para mostrar que, por baixo, estava vestindo uma camiseta. Na frente, em letras maiúsculas, estava escrito EU ACHO QUE A KIM e, quando me virei, nas costas estava escrito VAI ESCOLHER VERÃO. Ela e Jay ficaram impressionados. Foi uma ideia tão criativa! Ficou claro que eu havia feito a previsão muito tempo antes de ela entrar no estúdio. Também foi bastante visual e inusitado. A minha ideia tinha surgido graças à onda de calor no verão de Nova York naquela semana. Legal, não é? E criativo.

Algo interessante que descobri ao incluir novas rotinas na minha apresentação, misturando-as um pouco, é o quanto isso é ótimo para o meu cérebro. Até pouco tempo atrás achava-se que somente o cérebro da criança era capaz de mudar e se adaptar, mas não é verdade. Os cientistas que estudam o cérebro perceberam nos últimos anos que é possível mudar a bioquímica de um cérebro adulto. Já conversamos sobre como a meditação e a energia positiva mudam a estrutura cerebral. O caso também é que monges budistas que meditam por muitos milhares de horas por muitos anos têm níveis altíssimos de atividade de ondas gama no cérebro, o que está bem acima das pessoas médias. As ondas gama aparecem quando circuitos cerebrais diferentes se conectam e unem, e estão associadas a um nível mais alto de atividade mental, como a concentração, a memória e a aprendizagem. Assim como qualquer músculo, o uso da mente a fortalece. Eu gostaria que as minhas ondas gama fossem medidas um dia.

Experimentar atividades novas, mudando as nossas rotinas, cria novos caminhos neurais no cérebro. Isso é fácil para mim, o que é óbvio, você poderia dizer. A minha vida não tem muita rotina. O meu cérebro deve adorar quando entro em aviões no meio da noite para ir a países novos e conhecer muita gente nova. Sempre que experimento partes novas na minha apresentação, isso também renova os meus pensamentos e cria caminhos cerebrais diferentes. Sempre que tentamos algo novo, saímos da nossa zona de conforto mental e, muitas vezes, física. Precisamos recrutar a nossa mente para mantê-la forte. Lembra quando você aprendeu a amarrar os tênis ou andar de bicicleta? Você precisou se concentrar muito – e treinar – para conseguir. Isso criou novos caminhos no seu cérebro que, depois de dominada a habilidade, continuaram lá para que os acessássemos a qualquer momento necessário. Naquele ponto, o nosso pensamento passou da aprendizagem atenta para o automático, e a aprendizagem cessou.

Outros jeitos simples e fáceis de estimular as suas sinapses seriam escovar os dentes com a mão esquerda, aprender outro idioma, iniciar um esporte ou *hobby* novo, vendar os olhos e se locomover usando o tato. São todas formas comprovadas de estimular o nosso cérebro. Experimente-as de vez em quando. Você sabia que o principal motivo para os adultos não tentarem coisas novas é o medo de parecerem estúpidos? Preferimos nos sentar no sofá e deixar o cérebro embotar a parecermos tolos aos olhos dos outros. Não se intimide. Não tenha medo de crescer. Acolha o novo, fique criativo e estimule o cérebro.

Outra opção para estimular o cérebro vem da prática contínua e deliberada de algo em especial. Pode ser um esporte – é assim que os atletas profissionais ficam tão bons no que fazem. Ou pode ser um *hobby*, como tocar violão ou jogar xadrez, ou tricô. Passei a minha vida treinando as minhas habilidades mentais de maneira focada. Fazer conexões no meu cérebro e depois fortalecê-las até que certas partes da apresentação fiquem automáticas. Nesse caso, "automáticas" num bom sentido, quero dizer que posso usar o que aprendi como um alicerce e continuar a construir outras camadas por cima. Assim como os atletas praticam as suas habilidades repetidas vezes até dominá-las e conseguirem realizá-las instintivamente, avançando para o próximo nível, desafiando continuamente os limites da sua zona de conforto. De modo similar, as minhas apresentações ficaram mais complicadas, mais difíceis. Ainda treino assim. Sempre que tenho um elemento novo no meu espetáculo, ele se baseia em habilidades mentais que se tornaram automáticas e que o fazem avançar. Então treino várias vezes.

Existe um fato impressionante sobre os taxistas de Londres: eles têm um hipocampo maior do que a maioria das pessoas. O hipocampo é a parte do cérebro responsável pela memória de longo prazo, navegação e criação de mapas mentais. Para dirigir um táxi preto tradicional os motoristas precisam aprender e são testados num labirinto louco de ruas ao redor de Charing Cross. O treinamento pode levar três anos, e três quartos dos que iniciam o curso desistem. Mas aqueles que concluem são recompensados com um verdadeiro estímulo cerebral – e um salário maior.

Como estimular a memória

Lembra aquela minha história sobre ficar preso fora do carro? Existe um jeito fácil de não cair nisso. Use a sua mão esquerda para trancar (se for destro): a ação inusitada acenderá os neurônios do seu cérebro, criará outro nível de consciência, forçará você a pensar no que está fazendo e impedirá que você funcione no piloto automático, então será fácil de lembrar mais tarde. É claro que esse método pode ser usado para outras coisas também.

Como mentalista, aperfeiçoei as habilidades da minha memória também, então consigo me lembrar facilmente de todas as partes diferentes das minhas apresentações, portanto consigo controlar a minha agenda agitada. Gosto de usar um sistema de memória chamado Sistema Cabide para me ajudar com listas.

Para começar, você precisa memorizar as palavras-cabide. Depois de memorizá-las, o resto fica fácil e elas podem ser usadas repetidamente para muitas listas diferentes.

Estas são as palavras-cabide:

1) Revólver
2) Sapato
3) Árvore
4) Porta
5) Colmeia
6) Varetas
7) Paraíso
8) Portão
9) Linha
10) Galinha

Repita-as até memorizá-las. "Um – revólver, dois – sapato, três – árvore etc."

Agora, quando quiser memorizar uma lista de itens, você associa cada item à palavra-cabide para criar um retrato mental.

Imagine que você precise se lembrar de um bloco, um lápis e uma colher. Pense em 1) Revólver – bloco; 2) Sapato – lápis; e 3) Árvore – colher. Agora pense numa imagem exagerada ou escandalosa para combinar os pares de modo que se lembre deles. Por exemplo, você segura um bloco e um *cowboy* do Faroeste galopa num cavalo enorme, saca um revólver e atira bem no bloco. Isso faria você lembrar, certo? Para o segundo, você está caminhando e o seu pé começa a doer, então você se abaixa e tira o sapato, e dele jorram dezenas de lápis. É por isso que o seu pé estava doendo. Agora, o número três: imagine que você está sentado sob uma árvore, olha para cima e percebe que, em vez de folhas, colheres estão penduradas. O vento sopra e as colheres começam a chover na sua cabeça. Acho que você entendeu.

Parece complicado no início; mas, depois de memorizar as palavras-cabide, todo o resto se encaixa. Esse método funciona porque gera associações na mente. É o mesmo motivo para ninguém se lembrar do que vestiu na última quarta-feira, mas todos saberem exatamente onde estavam ou o que estavam fazendo em 11 de setembro de 2001. A nossa memória precisa de um estímulo às vezes, um lembrete para focar e recordar.

O cérebro inteiro e nada além...

Outra pergunta sobre o cérebro que me fazem muito é: O seu lado cerebral dominante é o direito ou o esquerdo? Assim como a questão sobre o quanto uso o meu cérebro, primeiro aceitei essa pergunta ao pé da letra. Eu diria que na escola definitivamente o meu lado cerebral dominante era o esquerdo, com o meu interesse e habilidade em Matemática e Ciências, as disciplinas que lidam com o racional e a lógica. Eu também era alguém que lia livros com um objetivo, para adquirir conhecimento sobre psicologia – mais uma vez, era uma abordagem racional à aprendizagem. À medida que pensava mais a respeito, comecei a perceber que o modo pelo qual eu lia esses livros não era nada racional: mergulhar no fim do livro, depois ir para o início e saltar as páginas. Sem sequência. E toda a intuição que eu tinha. Perder constantemente as minhas chaves. Talvez o meu lado esquerdo não fosse tão dominante assim. Seria o lado direito dominante?

Percebendo que a resposta não era tão objetiva, olhei com mais cuidado a pergunta que eu tinha aceitado sem questionar. O que ela realmente significava? O cérebro de fato funciona assim? E, sim, li alguma coisa.

Recentemente, o principal pensamento na ciência era que o lado esquerdo do cérebro era o hemisfério dominante, responsável pelas atividades racionais e verbais, como a fala, a leitura, a escrita, o raciocínio matemático e todos aqueles outros conhecimentos que aprendemos na escola. E o lado direito não era tão importante. Então, em 1968, Roger Sperry desenvolveu uma pesquisa com os chamados pacientes de cérebro seccionado – o cérebro havia sido cortado cirurgicamente por motivos médicos, então esses pacientes ficaram com dois hemisférios separados – e os estudos chegaram a algumas conclusões interessantes. Por exemplo, quando uma imagem era mostrada ao olho esquerdo, que está conectado ao lado direito do cérebro, o paciente não conseguia falar o nome do objeto porque não era capaz de acessar os centros linguísticos no hemisfério esquerdo. Ele conseguia ver o objeto, mas não o nomeava. Porém, quando vários objetos eram colocados na sua frente – inclusive aquele que ele tinha acabado de ver – e pediam ao paciente para pegar o objeto que tinha visto, ele conseguia. Por quê? Porque o lado direito do cérebro havia visto o objeto e enviava uma mensagem à sua mão esquerda para pegá-lo. Não é incrível?

Sperry concluiu: "Tudo o que vimos indica que a cirurgia deixou as pessoas com duas mentes separadas, ou seja, duas esferas separadas de consciência". Essa pesquisa encontrou diferenças específicas entre os dois hemisférios e Sperry recebeu o Prêmio Nobel pelo seu trabalho. No fim do seu discurso de aceitação, ele disse: "A grande satisfação e sentimento no meu cérebro direito superam a capacidade do meu cérebro esquerdo de encontrar palavras que descrevam".

Veja com o que cada hemisfério trabalha:

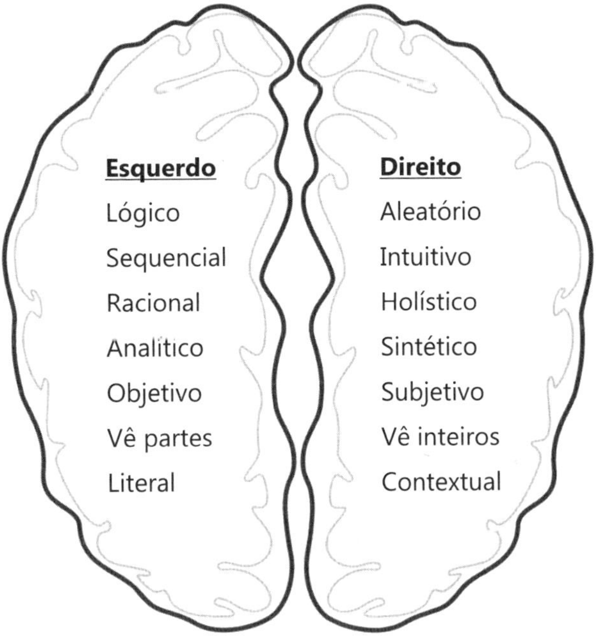

Sperry tinha demonstrado que o lado direito do cérebro era tão importante quanto o esquerdo, e repentinamente o lado direito do cérebro se tornou muito popular. Fomos todos instados a entrar em contato com esse recém-descoberto potencial que havia sido trancado dentro do próprio cérebro, desconhecido e subnutrido por anos. O lado esquerdo de repente perdeu o encanto. Tinha chegado a hora de liberar as emoções e a criatividade. Escolas foram culpadas por focarem no pensamento do lado esquerdo. Testes padronizados foram condenados (mas ainda usados). Uma incrível revolução estava a caminho. Artistas entraram na moda, contabilistas ficaram obsoletos.

Mas foi uma revolução curta. Teoricamente, era empolgante imaginar um mundo onde arte e criatividade, emoção e intuição eram importantíssimas. A vida não seria mais interessante, mais divertida? Em resumo, a ciência não apoia de fato as ideias de dois lados claramente separados do cérebro. Os seres humanos não são tipos com predominância do lado direito ou esquerdo. Não é tão simples assim. E por que seria? Estamos falando do cérebro humano – o cérebro que edificou as pirâmides, curou a varíola e enviou um homem para a lua. A verdade é que cada lado do cérebro é melhor para lidar com certos tipos de informações. O hemisfério esquerdo controla sequência, literalidade e análise, enquanto o hemisfério direito comanda contexto, expressão emocional e síntese.

Você entenderá o que quero dizer ao fazer o teste Stroop, na seção do encarte de fotos. O objetivo é nomear a COR na qual as palavras estão escritas, não ler as palavras propriamente ditas. Faça o primeiro grupo e veja como se sai.

Então, por que o segundo grupo é tão difícil? Porque o lado esquerdo do seu cérebro está tentando falar a palavra que vê escrita e o lado direito está tentando falar a cor, então se arma um cabo de guerra entre os dois hemisférios. A tarefa apenas é cumprida quando o lado esquerdo reconhece que precisa dizer a cor. Dá uma dor de cabeça, não dá? Estamos tão acostumados a processar as palavras automaticamente quando as vemos que é preciso um verdadeiro esforço para suprimir o desejo e nomear as cores. É um ótimo exemplo de como precisamos direcionar a nossa atenção e sair do piloto automático. E por que o terceiro grupo é mais fácil?

É bem mais fácil quando o significado das palavras não atrapalha, certo?

Mas voltando à questão de eu ser mais dominado pelo lado esquerdo ou direito, como a maioria das pessoas, tenho um pouco dos dois. Os dois hemisférios do nosso cérebro controlam coisas diferentes, mas funcionam juntos. Naturalmente usamos os dois lados do cérebro para quase tudo o que fazemos.

Lembra quando eu estava reunindo ideias para a minha participação no Jay Leno? Eu estava usando os dois lados do cérebro. Sentei-me e pensei de modo racional e lógico sobre a necessidade de algo novo para a apresentação e anotei uma lista de possibilidades. Depois comecei a deixar a minha mente vagar, fazer associações e conexões que nem sempre eram lógicas, em geral sem sentido. Era o lado direito do cérebro entrando em cena – e, por fim, foi o lado direito que teve a ideia da camiseta. De qualquer modo, a solução criativa de problemas geralmente requer tanto análise quanto um *insight* repentino pronto para uso. É quase como passar de um foco estreito para um foco amplo e vice-versa.

Já ouvi que, ao improvisar, os músicos diminuem a atividade na frente do cérebro, como se reduzissem o seu controle mental e deixassem as ideias vagarem. Também sempre gostei da imagem da autora de *Harry Potter*, J.K. Rowling, num trem, olhando pela janela, quando o menino bruxo que seria o protagonista dos seus *best-sellers* entra no seu cérebro relaxado e intuitivo. Mas, depois de estar no cérebro dela, ela precisou mudar para um tipo diferente de pensamento e criar a caracterização e o desenvolvimento da trama.

Usamos os dois lados do cérebro juntos o tempo todo sem sequer saber. Imagine que você e uma amiga estão organizando uma festa surpresa. Havia um milhão de coisas a planejar: quem convidar, escolher comida e bebida, onde comprar etc. Na sua lista de providências, entre muitas outras coisas, está escrito "Comprar gelo". Você sabe disso e a sua amiga também. Você está trabalhando com as coisas que aceitou enquanto a sua amiga trabalha com a lista dela. Às sete horas da noite da festa, os preparativos estão concluídos. A sua amiga decide tomar um copo de limonada fresca enquanto espera que você saia do banho antes da chegada dos primeiros convidados. Ela abre o congelador. Não tem gelo. "Cadê o gelo?", ela grita. No banheiro, você desliga o secador de cabelo e corre até a cozinha de roupão, uma cara apavorada, com a mão na boca. "Tudo bem, eu vou buscar gelo", ela retruca, batendo com o copo na bancada da cozinha, agarrando as chaves do carro e saindo pela porta dos fundos. Você não tem dúvidas sobre o humor da sua amiga naquele momento. Assim como ela conseguiu adivinhar a sua resposta à pergunta dela, "Cadê o gelo?", mesmo sem que você tenha pronunciado uma só palavra.

Aqui os dois hemisférios do seu cérebro – e do cérebro da sua amiga – estão trabalhando juntos com muita eficiência. O hemisfério esquerdo processa o sentido literal das palavras "Tudo bem, eu vou buscar gelo", seguindo as regras do vocabulário e da gramática. Na verdade, se apenas o seu hemisfério esquerdo estivesse funcionando, você ouviria essas palavras e interpretaria somente o seu sentido literal, entendendo apenas que a sua amiga ia sair e buscar gelo. Mas, como você tem o seu hemisfério direito para ajudar a ler alguns dos outros sinais não literais, você consegue entender que a sua amiga está muito irritada com você. O hemisfério direito do cérebro é responsável por algo chamado "prosódia" – ritmo, ênfase e entonação da fala –, e então observa o estado emocional da sua amiga quando ela fala, o sarcasmo das palavras "tudo bem", a ênfase nas palavras "eu vou". Junte um pouco de interpretação da linguagem corporal negativa e você saberá exatamente como a sua amiga está se sentindo. Tendo usado os dois lados do seu cérebro para interpretar os detalhes das palavras e o quadro geral do humor da sua amiga, você decide terminar de se vestir rapidamente e acender algumas velas, esperando que os convidados cheguem depois que a sua amiga voltar com o gelo.

É o seu cérebro em ação usando lindamente os dois lados juntos. Mas, se você comparar o exemplo da festa a mim quando uso o meu cérebro durante a minha apresentação de mentalismo e a minha sessão de reunião de ideias, verá uma diferença. Uma grande diferença. No caso do gelo para a festa, você vê os dois lados do cérebro trabalhando juntos automaticamente. É o que o cérebro faz naturalmente e ele é ótimo nisso. Durante a minha apresentação e a minha reunião de ideias, estou fazendo algo a mais. Estou lançando mão conscientemente de ambos os lados do cérebro. Existe um tipo de pensamento – um jeito consciente – que entende o poder dos dois lados do cérebro e procura por esse poder. Muito do que apresento é completamente ensaiado e treinado em sequência (lado esquerdo), mas depois preciso conseguir ser espontâneo e criativo no meu pensamento, já que o inesperado ocorre (lado direito). Uso o humor (lado direito), mas muitas vezes alguma parte do conteúdo humorístico foi planejada (lado esquerdo). Eu me baseio na intuição (lado direito), mas recruto ativamente a minha intuição para tomar decisões (lado esquerdo). Penso em termos do espetáculo como um todo e a sua progressão (lado direito), mas também me concentro nos detalhes de cada segmento (lado esquerdo). Fico alternando o tempo inteiro, tentando usar até a última pitada de poder cerebral, trabalhando os dois hemisférios para aproveitar ao máximo cada um.

Acho importante pensar sobre isso, já que vivemos num mundo onde racionalidade e lógica reinam. A maioria de nós cai no pensamento do lado esquerdo do cérebro mais do que deveria. Em geral priorizamos a lógica cuidadosamente considerada, deixando a intuição de lado. Somos encorajados constantemente a isso. Escolhemos seguir as regras em vez de flexibilizá-las. Ficamos confortáveis dentro da caixa. Ao contrário, precisamos sair dessa caixa e pensar com a mente aberta, estarmos cientes do que nos cerca, sermos receptivos a novas ideias e desafios. Essencialmente, precisamos acionar as habilidades do nosso hemisfério direito também e pensar com o cérebro inteiro. Agora veja se consegue evocar o pensamento usando todo o cérebro para tentar estes desafios:

O que você faria se eu lhe desse uma vela, uma caixa de papelão com tachinhas e uma caixa de fósforos, e lhe pedisse para prender a vela na parede de modo que não pingasse sobre a mesa abaixo? Esses são os únicos materiais disponíveis. Pense. Quero dizer, pense mesmo.

E então? Se você for como a maioria, pensou em derreter a vela e colá-la na parede, sem êxito, ou em fixá-la na parede com uma tachinha. Ainda que esses métodos funcionassem – o que eu duvido –, eles impediriam a cera de pingar? O único jeito de solucionar esse problema é pensar fora da caixa – literalmente. Não pense na caixa que contém as tachinhas como uma caixa, pense nela como um castiçal que pode ser pregado na parede. Agora faz sentido, certo? Esse experimento clássico se chama problema da vela de Duncker.

Agora veja se consegue envolver o seu cérebro nesses problemas de pensamento lateral. Lembra aquela famosa frase: "Um mais um nem sempre são dois..."? Você poderá precisar dela aqui.

1) Um assassino é condenado à morte. Ele precisa escolher entre três salas. A primeira está tomada por chamas enormes, a segunda está cheia de assassinos com armas carregadas e a terceira está cheia de leões sem comer há três anos. Qual é a sala mais segura para ele?

2) Um homem está vestido de preto. Sapatos, meias, calças, casaco, luvas e gorro pretos. Ele caminha por uma ruela com todas as lâmpadas apagadas. Um carro preto vem em sua direção de faróis apagados, mas de algum modo consegue parar a tempo. Como o motorista viu o homem?

3) Há três lâmpadas numa sala e, do lado de fora, três interruptores, cada um conectado a uma das lâmpadas. A sua missão é descobrir qual interruptor corresponde a cada lâmpada, MAS você só pode ligar dois interruptores e entrar na sala uma única vez.

4) Antes de morrer, um rei avisa que o seu filho assumirá o reino se pegar o bilhete certo dentro de um chapéu. O rei pede que o seu irmão, o tio do rapaz, fique responsável por esse plano. Quando o pai morre, o tio diz ao príncipe que ele deve escolher um dos bilhetes do chapéu, e o bilhete que escolher determinará o seu destino. Num bilhete está escrito "Tudo", no outro está escrito "Nada". Como o príncipe ganha o reino?

5) Num ônibus, você pode comprar uma passagem por $ 1 ou um talão com doze passagens a $ 10. Quando a passageira entra, paga $ 10 e o motorista imediatamente lhe dá um talão. Como ele sabia que a passageira queria um talão e não uma única passagem?

6) Você consegue desenhar um retângulo com três linhas?

7) Você está numa corrida, avança e consegue ultrapassar o segundo colocado. Qual é a sua posição agora?

Tente responder as perguntas primeiro. Quando terminar, veja as respostas na página 221. Elas parecem óbvias depois, certo? Às vezes simplesmente precisamos olhar a vida de outra perspectiva ou até de duas perspectivas.

Agora vamos testar um pouco mais o seu pensamento criativo.

Olhe para este cilindro. De que lado está a abertura? A maioria vê, em princípio, da esquerda para a direita; mas, com um pouco de trabalho cerebral, você pode virar a imagem e olhar através da abertura à direita. Pode demorar um pouco para entender, já que você instrui o seu cérebro a processar a informação de um jeito e depois de outro, em vez de deixar o cérebro trabalhar por você. Continue trabalhando o cérebro.

E agora, o que você faria nesta situação? Você deve pegar um voo para uma importante reunião de negócios. O pneu do carro que você alugou está furado. Sem problemas, o seu amigo vai levar você ao aeroporto. Mas você precisa do carro assim que voltar da reunião naquela noite. Você não tem tanto tempo, então pensa rapidamente e com criatividade, imaginando o que a Clunkers, a agência de carros, precisará para resolver o problema enquanto você estiver fora. Aí, com todos os seus planos preparados, você deixa um amigo com o carro no acostamento, entra no carro do seu outro amigo, parte para o aeroporto e telefona para a Clunkers do seu celular.

Você explica a situação e fica satisfeito ao constatar que o representante da Clunkers é prestativo e atencioso. "Vamos enviar alguém para mudar o pneu ou trocar o carro." Ótima notícia. "E em quanto tempo?", você pergunta.

"Duas horas. Preciso que o senhor nos espere no carro."

"Não dá, estou a caminho do aeroporto, mas deixei um amigo no carro com as chaves e toda a documentação. Ele permanecerá até o problema ser resolvido." Você está se sentindo feliz porque teve a ideia de pensar em tudo isso antes de partir.

"Desculpe, mas o senhor precisa esperar no carro. Não o seu amigo."

"Mas não posso, estou num carro indo para o aeroporto. O meu outro amigo está esperando vocês com tudo o que precisam."

"Entendo, senhor, mas precisamos que a pessoa oficialmente registrada na apólice de aluguel esteja com o carro."

"Devo cancelar o meu voo, perder a minha reunião que pode resultar num programa de televisão e esperar no carro?"

"Desculpe, senhor, não posso responder a sua pergunta." Não parece familiar? Você mesmo já deve ter passado por uma situação parecida. O que fazer?

Quem sabe o humor resolva o problema? "Suponhamos que eu esteja esperando por vocês perto do carro. Tudo bem? Tudo bem. E se outro carro chegar e me atropelar, e eu for para o hospital com as duas pernas quebradas? E aí? Eu não estaria esperando por vocês perto do carro. Vocês mudariam o meu pneu?"

"Desculpe, senhor, não posso responder a sua pergunta." O lado direito do meu cérebro foi desligado para esse exercício em atendimento ao consumidor. Fui expressamente proibido de pensar fora da caixa.

Você deve ter adivinhado que essa cena aconteceu comigo. O meu agente, Gary, ficou no carro esperando a Clunkers enquanto o meu outro agente, Mike, me levava ao aeroporto, quando esse telefonema absurdo aconteceu. Por sorte, consegui falar com uma supervisora que respondeu as minhas perguntas, foi criativa e, em uma conferência por telefone entre ela, eu e Gary, encontrou uma solução. O pensamento criativo sempre vence.

E se você ouvisse um meteorologista dizer que fazia zero grau Fahrenheit hoje e que amanhã faria o dobro de frio? O que acharia? Como é possível o dobro de frio a zero grau?

RESPOSTA:

Zero grau Fahrenheit é o mesmo que -17,77 graus Celsius. O dobro de frio seria -35,54 graus Celsius, que seriam -31,972 graus Fahrenheit. Aqui não se trata realmente de obter a resposta certa, e sim da importância de pensar diante da impossibilidade da questão. Ser criativo pode ser pensar em torno de um problema, nem sempre olhar para ele de frente.

E este aqui? Se chocolate e chiclete custam $ 1,10 juntos, e o chocolate custa $ 1,00 a mais do que o chiclete, quanto custa o chiclete?

Você deve se lembrar dessa pergunta no início do livro. A maioria das pessoas responde: "10 centavos". Confundem-se com $ 1,00. Mas a chave aqui é perceber que o chocolate custa $ 1,00 A MAIS, então, quando você diz que o chiclete custa 10 centavos, então o chocolate teria de custar $ 1,10 (e o chocolate e o chiclete juntos custariam $ 1,20). A única resposta possível é que o chiclete custa 5 centavos, o chocolate $ 1,05 e, juntos, custam $ 1,10. Mas você deve ter adivinhado agora, porque recrutou o seu cérebro e tornou-se um *expert*.

Um dos meus números, como você sabe, é pedir para alguém fazer um desenho num papel enquanto estou fora da sala, fazendo o mesmo desenho através da leitura da mente. Eu já falei que a maioria das pessoas desenha a mesma coisa. A carinha *smiley*. Somos mesmo tão pouco criativos a ponto de desenhar a primeira coisa que vem à cabeça? Não é louco? Tão louco que eu preciso dizer:

"Desenhe alguma coisa; mas, por favor, NÃO desenhe um *smiley*. Eu quero usar as minhas habilidades mentais!"

Pode ser difícil para você acreditar – especialmente se ainda estiver pensando de um jeito racional, com o lado esquerdo do cérebro –, mas as piadas mais tolas, ridículas e sem sentido podem fazer você pensar criativamente. Algumas das minhas piadas favoritas são as de elefantes. Elas povoaram a minha infância, e meus amigos e eu ainda choramos de rir com elas. Eu adoro por causa das respostas surpreendentes. E pela lógica fora da caixa. Se você se lembra de piadas de elefantes, bem-vindo de volta. Se nunca tiver ouvido, receba como um presente enquanto sintoniza o cérebro. Eu poderia lhe contar centenas. Ou mais! Mas vou contar menos. O truque aqui é manter a sua mente bastante aberta às possibilidades, fique longe da lógica pura e tente responder o mais rapidamente possível. Divirta-se!

Pergunta: Como colocar quatro elefantes num *Mini Cooper*?

Resposta: Dois na frente e dois atrás.

Pergunta: Como colocar um elefante na geladeira?

Resposta: Abra a porta, coloque o elefante dentro e feche a porta.

Pergunta: Como colocar uma girafa na geladeira?

Resposta: Abra a porta, tire o elefante, coloque a girafa dentro e feche a porta.

Pergunta: Quando o leão, rei dos animais, faz uma importante reunião na selva, qual animal não vai?

Resposta: A girafa. Ela está na geladeira.

Pergunta: Você está tentando atravessar o rio cheio de crocodilos. Como faz?

Resposta: Você nada. Todos os crocodilos estão na reunião.

Pergunta: Como saber se existe um elefante na geladeira?

Resposta: Você o ouve comer.

Pergunta: Como saber se existem dois elefantes na geladeira?

Resposta: Você os ouve conversar.

Pergunta: Como saber se existem quatro elefantes na geladeira?
Resposta: O Mini Cooper está estacionado do lado de fora.

Pergunta: Por que os elefantes pintam as unhas de vermelho?
Resposta: Para se esconderem nas plantações de morangos.

Pergunta: Você já viu um elefante numa plantação de morangos?
Resposta: Isso significa que está dando certo...

Pergunta: Como impedir um elefante de passar pelo buraco de uma agulha?
Resposta: Dando um nó na cauda.

E a mais boba de todas:

Pergunta: Qual é a semelhança entre um elefante e uma banana?
Resposta: Os dois são amarelos. Menos o elefante.

Você entendeu. Pensou em respostas diferentes? Ou até em imaginar as respostas "certas"? Ótimo. Você deve estar usando os dois lados do cérebro.

Todo o cérebro em ação

Estou adivinhando que você tem um smartphone ou um iPod ou outro dispositivo tecnológico legal, ou pelo menos conhece alguém que tenha. Você ficará surpreso com a forma pela qual a tecnologia atual acessa o nosso jeito de usar o cérebro. Há mais de dez anos a Apple apresentou o primeiro iPod. Foi um item revolucionário em muitas maneiras – de repente poderíamos andar por aí com música digitalizada na palma da mão –, mas uma parte enorme do seu apelo era o seu *design* e propaganda. Era legal e descolado, inovador. Parte de um estilo de vida que todos nós desejávamos. E, desde esse primeiro iPod, a Apple apresentou uma geração após a outra de iPods, e nós nos tornamos mais exigentes como consumidores – esperando a excelência tecnológica, mas também a beleza do *design*. Esperamos diversão e cores deslumbrantes para a nossa tecnologia. Exigimos modelos mais finos e leves. Buscamos apelo estético. Não queremos mais computadores, telefones ou aparelhos que toquem música, que simplesmente processem informações e guardem fotos – queremos que sejam bonitos enquanto fazem tudo isso. Empresas como a Apple nos colocaram em contato com o lado direito do nosso cérebro sem que soubéssemos. Você já ouviu um *geek* elogiando o próprio iPad novo? É tão bonito! Eu tive de comprar. Adoro a cor. E depois ele vai racionalizar sobre a memória do computador e os megabytes e todos os outros motivos para comprá-lo, quando todos nós sabemos que ele o comprou por motivos emocionais e estéticos.

Daniel Pink escreveu um livro incrível, *A Whole New Mind*, que trata do pensamento que usa todo o cérebro no mercado de trabalho norte-americano. A sua teoria é que os dias de dominação do lado esquerdo do cérebro acabaram. Aqueles trabalhos que se baseavam apenas no processamento do pensamento racional, lógico, sequencial, como um computador, não são os trabalhos do futuro. A codificação do computador, contabilidade, pesquisa jurídica e análise financeira básicas podem ser realizadas a preços mais baixos em outros países. Os trabalhadores precisam ter um cenário mental diferente para o futuro, um jeito diferente de pensar que inclua inovação, inventividade e empatia também. Qualidades do lado direito do cérebro, assim como do lado esquerdo.

Portanto, ao que parece, a onda do futuro serão funcionários acessando os dois lados do cérebro em empresas que estimulam o pensamento com o cérebro inteiro a fim de desenvolver produtos e conceitos para consumidores que usam o cérebro inteiro.

Existe uma história legal sobre um cara que ficou milionário. Ele publicou um anúncio no jornal prometendo dar uma dica de como se tornar milionário a qualquer pessoa que lhe enviasse $ 1. Ele recebeu $ 3 milhões de candidatos a milionários e, conforme prometido, enviou uma dica a todos os que entraram em contato. A dica? Um bilhete dizendo: "Simplesmente faça o que eu fiz!" E era verdade, porque, mesmo depois de pagar postagem e materiais, ele ainda ganhou mais de $ 1 milhão.

Por falar em milionários criativos, os fundadores do Google, Larry Page e Sergey Brin, construíram a sua empresa partindo da visão de que o trabalho deve ser desafiador, e o desafio deve ser divertido. As instalações do Google no mundo todo têm academias, aulas de ioga, mesas de sinuca e *videogames*. *Brainstorm* e troca de ideias acontecem em cabines compartilhadas e salas de reunião, não há salas individuais. Todas as sextas-feiras, Larry e Sergey participam de uma reunião com toda a empresa, trocando ideias, respondendo perguntas e ouvindo. Eles apresentaram "20% do tempo" para permitir que os seus engenheiros reservassem um quinto da sua semana de trabalho para projetos do interesse deles, mas que não necessariamente estivessem dentro da sua área usual de foco. Pense em alguns dos aplicativos mais conhecidos do Google, como Gmail, Picasa, Google Maps e Google Suggest. Todos surgiram nesse programa. Aposto que as pessoas do Google não são estimuladas a dizer: "Desculpe, senhor, não posso responder a sua pergunta".

Como você sabe, a marca "Google" virou um verbo. Não mais procuramos as coisas em mecanismos de busca da internet, nós "googlamos". Na verdade, a palavra "google" foi oficialmente transformada em verbo no *Oxford English Dictionary* em 15 de junho de 2006. E, a propósito, o Google não está satisfeito com essa possível diluição da sua marca. Para mim, parece uma enorme ferramenta de *marketing* – como Uri Geller e os seus céticos. Um pouco de flexão cerebral depois de toda essa leitura: Você consegue pensar em outros nomes de marcas que viraram palavras? Começo com Xerox. Você consegue pensar em outras? Quantas? Dez? Vinte? Agora vejamos se você consegue ficar mesmo criativo e pensar em marcas atuais que passarão a ser verbos nos próximos cinco anos. Que tal a marca Lior Suchard? Por exemplo: "Uau! Você deu um Lior Suchard!", em vez de "Uau! Você leu a minha mente".

Existe uma história sobre o pensamento criativo que sempre me inspirou. Aos cinquenta e dois anos, Ray Kroc investiu a economia de uma vida para se tornar o distribuidor exclusivo da Multi-Mixer, uma máquina de *milk shakes*. Quando dois dos seus clientes, dois irmãos, encomendaram oito máquinas dele, o seu cérebro entrou em ação e questionou: Por quê? A maioria dos clientes apenas encomendava uma ou duas. Oito era novidade. Então Ray foi investigar em San Bernardino, Califórnia, e encontrou os seus clientes comandando o restaurante mais concorrido que ele já tinha visto. A sua fórmula era uma comida rápida e simples: hambúrgueres, *milk-shakes* e batatas fritas. Ray ficou impressionado – e a sua mente criativa entrou em ação de novo. Ele sabia que essa fórmula poderia dar certo em qualquer lugar e sugeriu aos donos que eles abrissem outros restaurantes – com o financiamento dele. Os donos concordaram, e os novos restaurantes também deram certo. A propósito, os dois irmãos se chamavam McDonald – e você já conhece o resto da história. O pensamento criativo ataca novamente.

Pensamento medalhista de ouro

Mark Zuckerberg, fundador do Facebook, trabalha numa mesa aberta, numa sala enorme cheia de engenheiros – ele não tem um escritório reservado. Sempre que alguém termina um grande projeto de codificação, Zuckerberg bate num gongo para comemorar.

A Procter & Gamble transformou o seu tradicional processo de pesquisa e desenvolvimento, definindo a meta de ter 50% dos seus produtos novos originados fora dos seus laboratórios. Criaram uma nova classificação de trabalho: empreendedores tecnológicos, que procuram pelo mundo inovações científicas em centros de pesquisa e laboratórios de universidades.

A Nokia Corporation apresentou o "Club 10" e introduz nele engenheiros com no mínimo dez patentes.

A empresa 3M concede Bolsas Genesis a cientistas que gostariam de trabalhar em projetos externos, concedendo de doze a vinte bolsas por ano, variando de $ 50.000 a $ 100.000 cada uma. Os cientistas usam o dinheiro para contratar uma equipe extra e comprar equipamentos para os seus novos projetos.

Em toda a minha carreira precisei ser criativo. Ser mentalista não é o tipo de trabalho em que você acorda, vai trabalhar e sai às 17:00. Não, no meu trabalho estou constantemente pensando e fazendo perguntas: E agora? O que eu posso fazer acontecer depois? Aonde isso vai parar? Como posso me reinventar? Aonde posso ir com isso? Sempre que você precisa se fazer muitas perguntas, é forçado a ser criativo. Não é uma carreira em que preciso pensar fora da caixa. É uma carreira em que jogo fora a caixa. Constato que estou em constante movimento, me adaptando ao que a vida atirar em mim e ao que eu faço a vida atirar em mim. Sempre me reinventando: de animador em apresentações e festas privadas a *infotainer*. De animador em programas de televisão e *talk shows* a animador ao vivo em Las Vegas. De quebra-gelos corporativo a detetive corporativo. O mundo está sempre mudando. Preciso estar atento.

Estou sempre pensando em novas ideias para a minha apresentação, em novas formas de exibir as minhas habilidades mentais. E algumas vão falhar. Eu sei. Faz sentido que, quanto mais ideias temos, mais falhamos. Mas a falha nem sempre é ruim. Como dizia Thomas Edison: "Eu não falhei, apenas descobri dez mil maneiras que não funcionam". Um aspecto de ser criativo é gerar muitas ideias, muitas possibilidades. Nem todas serão ideias ótimas, podem nem chegar a ser ideias boas, e algumas não funcionarão conforme o planejado. Mas uma ideia que não funciona pode fazer você pensar de modo diferente, e às vezes é isso que leva aos maiores êxitos. A criatividade é um processo constante. Acho que as melhores ideias e inovações vêm de um sonho. Eu gostaria de fazer isso, mas como? Como chego lá? Quais são os passos? As possibilidades? E então você as extrai de lá com todas as partes da sua mente em ação.

Essa cultura criativa estava no ar quando eu estava crescendo, era emocionante. O meu pai estava sempre inventando, rabiscando ideias, trabalhando com as mãos, como Leonardo da Vinci! Os meus pais foram ótimos ao me deixarem ser o garoto esquisito, aquele com as habilidades. Eles não tentaram me transformar num conformado. Não me forçaram a ir para a faculdade. Sabiam que eu tinha planos que definitivamente estavam fora da caixa e me deixaram executá-los. E eu ainda estou executando.

Acho que tenho sorte por ser de Israel, onde a criatividade passou a ser muito apreciada, especialmente nos últimos dez anos. É como um gene nacional. Muitas pessoas de lá são empreendedoras. Israel é um país realmente pequeno, com cerca de 7,5 milhões de habitantes. Tem o maior número de empresas *startup* de alta tecnologia em termos absolutos depois dos Estados Unidos, e 80% das três mil empresas israelenses envolvidas em pesquisa e desenvolvimento têm menos de dez anos de idade. Lá, ser um empreendedor se tornou uma escolha profissional completamente aceitável – como ser médico ou advogado. É fácil para os iniciantes receberem consultoria, porque há tanta gente envolvida que alguém sempre conhece um amigo que tem a própria empresa. Eu também me vejo como um empreendedor, uma *startup* – somente eu e o poder da minha mente.

É interessante que muitas das grandes empresas no mundo, como Google, Intel, Microsoft, foram rápidas para abrir centros de pesquisa e desenvolvimento em Israel, mesmo durante as guerras. Lá espera-se que os engenheiros e cientistas sonhem e pensem muito. Eu imagino todas elas cheias de pessoas como eu, pululando de ideias, dizendo: "Vamos fazer, vamos fazer, vamos fazer". E talvez uma das ideias sobressaia e se torne o próximo sucesso mundial. Como o telefone celular, que foi inventado pela Motorola R&D em Israel, ou os *chips* de computador da Intel, USB ou a menor câmera do mundo para uso na medicina. Tudo inventado em Israel. O Google Suggest veio da equipe de Israel. Você deve usá-lo todos os dias no Google sem perceber: é a lista de sugestões que aparece quando você digita uma solicitação na caixa de busca da *home page* do Google. Eu gosto porque é meio como uma leitura da mente. O Google adotou e desenvolveu a ideia, e agora é uma ferramenta doméstica. Pensamento criativo em ação.

Recentemente estive trabalhando numa apresentação nova. Uma da qual muito me orgulho. Você já a experimentou em parte, mas agora vou contar como ela nasceu para realmente mostrar o meu pensamento criativo em ação. Gosto de renovar as coisas para que o meu espetáculo não fique sem graça ou chato tanto para mim quanto para o público.

Assim como qualquer artista, tenho uma vida normal quando não estou me apresentando. Tenho amigos, uma namorada. Saímos para jantar e ir ao cinema, e qualquer coisa pode ser uma inspiração para mim num novo segmento da minha apresentação. Até a cor de um guardanapo poderia me inspirar. Mas, primeiro, preciso ajustar o meu pensamento racional para que a criatividade possa agir inesperadamente. Eu queria fazer algo com números de telefone na minha apresentação há muito tempo; eles são universais, mas pessoais ao mesmo tempo. Eu já tinha adivinhado números de telefone e PIN das pessoas, mas queria incluir números de telefone num segmento mais longo que seriam entrelaçados à apresentação e incluir vários membros da plateia.

Então o que eu poderia fazer com um número de telefone que já não tivesse feito? Sempre que estou pensando em ideias novas, tento chegar a um paradoxo impossível. Sonho grande e depois vejo o que é possível. Fico me perguntando o que vai acontecer se conseguir que alguém escolha um número de telefone num catálogo de telefones inteiro e eu tenha previsto o número antes. Até aí, tudo bem. Mas não é o bastante. E se telefonássemos para esse número e ele se conectasse a uma secretária eletrônica que dissesse: "Oi, obrigado por ligar. Espero que esteja se divertindo na apresentação do Lior Suchard". Seria legal. Mas então eu penso: Eu conseguiria fazer isso? É possível? Aí mudo a rota. Ainda quero fazer algo com números e gosto da ideia de uma pessoa aleatória escolhendo um número aleatório em um catálogo. Então simplesmente deixo a minha mente vagar sozinha e pensar. De vez em quando volto ao problema e vejo se alguma coisa se resolveu. E se fossem números da previdência social? Ou datas de nascimento? Não. A minha mente continua pensando enquanto faço outras coisas.

Aí então, alguns meses depois que a ideia começou a se formar, estou num restaurante de Las Vegas, pagando a conta e... Boom! De repente. Uma epifania. Vem a resposta. Números de série em notas de dinheiro. Posso combinar números de telefone com números de série no dinheiro. Aí, de repente, tenho a ideia de alguém escolher um número de telefone, e outra pessoa tirar uma nota de dólar do bolso, e o número de telefone e o número de série na nota corresponderem. Não é louco? Eu adoro. Mas não paro aí. Quero ir ainda mais longe. Pergunto a mim mesmo: O que mais posso fazer? Quero melhorar, criar algo incrível que jamais seja esquecido, algo com coincidências triplas, quatro clímaces, um sonho impossível. E, com o pensamento criativo, eu posso.

Depois de sonhar, preciso desmontar o sonho, racionalizá-lo e dizer como fazê-lo acontecer. Quais são os estágios e as fases? É persuasão? Preciso encontrar outros meios de fazer? Então planejo tudo com cuidado e treino partes, passando os problemas a limpo, suavizando detalhes até que tudo funcione sempre que eu tentar. Somente depois incluo na minha apresentação. Mas, antes de fazer isso, eu me imagino sentado na plateia, assistindo a essa parte do meu espetáculo. Como parece para alguém na plateia? Qual é o melhor lugar para eu ficar? Quais são as melhores palavras para usar? E o tempo?

Eu me vejo como um diretor da mente, controlando tudo. Penso como o animador. Penso como o espectador. Vejo cada parte da minha apresentação do avesso. Ela mostra as incríveis capacidades da minha mente? É um bom entretenimento? Vai envolver os céticos? Ainda estou crescendo como mentalista? Em caso afirmativo, então estou feliz. Levarei o novo segmento comigo.

Uma apresentação inteira crescerá a partir de um pequeno pensamento de algum lugar dentro dos domínios loucos da minha mente. Mas ela não cresce sozinha. Preciso nutri-la usando cada pedacinho de poder cerebral que tenho e depois eu a revelo para o mundo. Prova do incrível poder da mente.

Las Vegas, 2011

900 PESSOAS

De volta ao meu espetáculo. Fiz todos os tipos de coisas incríveis, adivinhei nomes, transferi energia, previ o número de série de uma cédula que correspondia a um número de telefone escolhido aleatoriamente e muitas outras demonstrações fantásticas que você mesmo vai ver quando for a uma das minhas apresentações. Houve influência e risos, diversão e espanto. E agora, exatamente quando o público acha que nada mais poderia acontecer, há mais por vir.

O espetáculo está quase terminando. Foi uma noite incrível. A energia positiva é enorme, varrendo a plateia e me levando junto. Os aplausos não cessam de um lado a outro do auditório, dando voltas. As pessoas estão de pé, rostos iluminados de satisfação. A minha mão está erguida à espera de uma pequena pausa. "Só mais uma coisa antes de irem embora", eu grito. "Alguém tem um celular?" A plateia silencia. Estão pensando, será que ainda tem mais? Um homem na primeira fila entrega o seu iPhone. "Obrigado", eu digo e finjo que vou colocá-lo no bolso. Todos riem. Eu devolvo o celular, falando bem alto: "Um número de telefone foi escolhido nesta noite". Aponto para o painel. "Por que não telefonamos?"

"Senhor", digo ao homem com o iPhone. "Poderia telefonar para aquele número? No viva-voz, perto do meu microfone."

Ele digita o número e ouvimos o telefone tocar três vezes antes de cair na secretária eletrônica. Uma voz masculina é ouvida: "Obrigado a todos por virem hoje à noite assistir ao Entretenimento Sobrenatural de Lior Suchard. E muito obrigado a Blake e Jane pela sua ajuda especial no espetáculo".

Todos se levantam quase em uníssono, a plateia inteira aplaudindo e gritando, um mar de rostos espantados, rindo, falando, exclamando e fervendo de emoção. Ouço vozes individuais em toda parte. Alguém grita: "NÃO! Impossível!" Outra pessoa repete sem parar: "Oh, meu Deus, meu Deus!" Todos balançam a cabeça sem poder acreditar. Ouço as pessoas exclamando: "Que loucura! Como ele fez isso?" Sei que falarão e ficarão espantados noite adentro e nos dias seguintes. Percebo nos olhares a energia positiva irradiando. E estou feliz.

É o poder da persuasão. É o que faço.

Agora você conhece um pouco do que faço. E agora que você leu o meu livro, adivinhe? Eu não sou o único leitor de mentes. Você também é.

Sempre tenha pensamentos felizes, porque nunca se sabe quem os está lendo.

Ah... Quase esqueci. Você se lembra do símbolo que escolheu algumas páginas atrás? Seria impossível que eu soubesse os números que você escolheria e o seu número final, certo? Bem, acho que tenho uma surpresa para você. Eu disse que leria a sua mente. E li. Acho que sei qual símbolo você escolheu. Vire a página. Acertei?

Este símbolo que você escolheu representa a energia potencial. Todos nós a temos – basta acreditar e liberá-la.

Agora também sei que você vai tentar de novo... E vai ter uma surpresa. Quem sabe não é leitura de mentes? Mas você pode se divertir com isso e impressionar amigos e parentes. Me conte como foi!

Quando vi esta ilusão de ótica pela primeira vez, fiquei chocado. É uma das melhores que já vi. É chamada de ilusão de Jastrow e foi descoberta pelo psicólogo americano Joseph Jastrow em 1889.

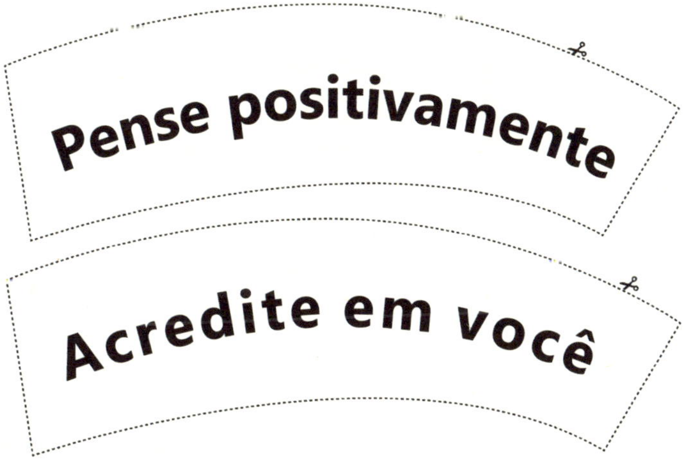

Qual forma você acha maior? Qual você acha mais importante? Pensar positivamente ou acreditar em você?

1) Recorte as duas formas exatamente na linha pontilhada.

2) Coloque as formas na mesa, uma abaixo da outra. Qual é maior? Qual é mais importante? Acreditar em você ou pensar positivamente?

3) Agora mude as formas de lugar. Qual é maior agora? Qual é mais importante?

4) Depois coloque uma forma em cima da outra e compare.

5) AGORA ELAS SÃO IGUAIS. Pensamento positivo e acreditar em você são igualmente importantes. Incrível, não é?

RESPOSTAS DOS PROBLEMAS NAS PÁGINAS 193-194

1) A terceira. Leões sem comer há três anos estão mortos.

2) Era dia.

3) Você liga um interruptor e espera alguns minutos, depois liga outro interruptor. Agora você entra na sala. Haverá duas lâmpadas acesas – uma quente e outra não. A lâmpada apagada corresponde ao interruptor que não foi ligado. A lâmpada quente corresponde ao interruptor que você ligou primeiro, e a outra lâmpada acesa corresponde ao interruptor que você ligou depois.

4) O príncipe – como o rei – sabe que o tio é um maquinador pérfido que tentará fazê-lo perder. Assim, o príncipe supõe que o tio escreverá "Nada" nos dois bilhetes. Ele pega um bilhete do chapéu e o engole. Depois olha para

o bilhete que ficou, onde “Nada” está escrito, e afirma que o bilhete que engoliu deveria ter “Tudo” escrito. Assim ele ganha a coroa.

5) A passageira pagou com dez notas de $ 1.

6) 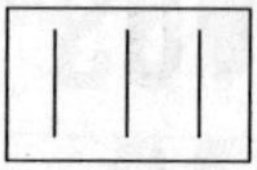

7) Segundo. (A maioria diz primeiro.)

AGRADECIMENTOS

Sou muito grato ao meu grande amigo Roi Yozevitch por passar longas noites comigo, ajudando com ideias, pensamentos e histórias. Você é um super-herói.

À minha única e maravilhosa Lindsey Tate. Obrigado pelo seu senso de humor britânico e coração gentil, por rir das piadas de elefantes às duas da madrugada e permanecer calma quando eu começava frases vinte e quatro horas antes do fim do nosso prazo com "Tenho outra ótima ideia para o livro". Fico feliz por ter uma escritora e amiga como você.

Agradeço a Adam Korn por adotar o livro com grande entusiasmo, a Trish Daly por conseguir enxergar o todo e os detalhes, a Stephanie Meyers pela primeira revisão atenta, a Mauro DiPreta por se arriscar, a Frank Weimann por achar que existia um livro em mim e, por último, mas não menos importante, a Gary e Mike por não me deterem quando miro na lua – vocês são demais!

SOBRE O AUTOR

Lior Suchard é um animador e mentalista conhecido no mundo todo que causou furor quando venceu o famoso programa de televisão internacional *The Successor*, apresentado pelo famoso ilusionista Uri Geller. Além de impressionar plateias com o poder da sua mente, Suchard é figura constante em *talk shows* internacionais, como *The Tonight Show with Jay Leno*, além de ser um carismático encantador de plateias no circuito de Las Vegas.

SEÇÃO FOTOGRÁFICA

Deixe-me ler sua mente por um minuto. Eu quero que você pense em uma das seis cartas abaixo. Lembre-se de gravar a cor, o naipe e o valor. Pense apenas em uma delas e não a esqueça. Você escolheu uma? Ótimo.

Ok. Agora eu gostaria de olhar profundamente em seus olhos por um momento, então olhe nos meus olhos nesta foto minha.

Olhe para o lado por um segundo, porque eu vou tentar retirar a carta que você pensou. Vá para a próxima página e me diga se eu adivinhei corretamente.

Sua carta não está mais lá. Incrível, não é?

Você gostaria de tentar mais uma vez?

Dê uma olhada nestas seis novas cartas e pense em apenas uma.

Agora que você pensou em uma, lembre-se de olhar profundamente nos meus olhos.

Não se preocupe, vou tentar não hipnotizar você. (Você sabia que a hipnose é ilegal em Israel, a menos que você seja um médico e tenha uma licença especial?)

E agora, prepare-se para ficar chocado(a) novamente.

Sua carta não está mais lá.

Muito legal, não é?

Ok, estou supondo que agora você descobriu que isso não é realmente uma demonstração das minhas habilidades de leitura da mente. Eu prometo a você que posso fazer melhor do que isso! Em vez disso, estou apenas mostrando a você como, às vezes, nossa mente pega atalhos. O segundo grupo de cartas que mostrei não contém as cartas do primeiro grupo. *Claro* que sua carta está faltando. *Todas* as cartas originais estão faltando, então o truque funciona, não importa qual carta você escolher. Mesmo que seja apenas um truque, ainda é muito divertido. Você pode enganar a maioria das pessoas uma vez, ou até duas vezes, mas depois começam a ficar desconfiadas e começam a lembrar-se de outras cartas do primeiro grupo... assim como você. Vá em frente e mostre o truque para seus amigos e familiares e veja suas reações.

Aqui o cérebro está sendo preguiçoso – ou supereficiente. Está considerando as cartas de um modo geral, percebendo-as como um grupo de cartas rei, dama, valete ou um grupo de setes, oitos e noves sem focar nos detalhes. O que é normal, se você está participando de um jogo de cartas de baixo risco, mas não se você testemunhou um crime e tem que dar detalhes em tribunal. Agora retorne ao capítulo 3 para mais alguns jogos cerebrais.

O TESTE DE STROOP

Diga a cor as palavras estão escritas abaixo em voz alta. E eu quero dizer alta.

1) VERDE AZUL LARANJA PRETO VERMELHO VERDE ROXO AMARELO VERMELHO LARANJA VERDE PRETO

Bom trabalho! Isso foi bem fácil. Agora faça o mesmo novamente com o segundo grupo de palavras - diga apenas a cor das palavras em voz alta, e não a palavra em si. Tente fazer isso rápido... Pronto? Vai!

2) AMARELO AZUL LARANJA PRETO VERMELHO VERDE ROXO AMARELO VERMELHO LARANJA VERDE PRETO AZUL VERMELHO ROXO VERDE AZUL LARANJA

Foi difícil? Isto ocorre porque seus cérebros esquerdo e direito estavam em conflito. Agora tente o terceiro grupo de palavras, novamente falando em voz alta apenas a cor das palavras escritas.

3) NVSLVSL MMIMOZ QGERDSTE MCPSIKERB POKXRG LUKJO DTYGROOP SPVJPUVB FREFRJ

Foi muito mais fácil, certo? Volte para o capítulo 7 que eu vou explicar o que estava acontecendo em seu cérebro.

123456789

Você notou que a palavra „que" aparece duas vezes seguidas no texto da imagem? Este é o erro.